警察捜査の正体

原田宏二

講談社現代新書

2352

はじめに

２００３（平成15）年11月、内部告発によって北海道警察の組織的な裏金システムが発覚し、これをきっかけに全国の警察の多くで裏金システムの存在が明らかになった。

警察の予算執行に対する、国民の不信感は、この頃、頂点に達したと言っていいだろう。

筆者は１９５７（昭和32）年の４月に採用されて以来、何年かの出向を除いて、ほとんどの警察官人生を北海道警察で過ごした。道警の裏金システムが発覚した時期は、警察から天下った生命保険会社も退職して、趣味のサックスやサイクリングを楽しむ毎日を送っていた。だが、北海道警察の組織的な裏金システムについて、事実を完全否定する北海道警察本部長の姿を見て、裏金システムの一部に組み込まれていた自分が悠々自適の日々に甘んじていいのか、と激しく自問自答した。

そして、これは警察の宿痾《しゅくあ》ともいえる裏金システムに終止符を打つ最後のチャンスだと考え、２００４年に記者会見を開いて北海道警察の裏金システムを告発、北海道議会でも証言した。１９９３年に釧路方面本部長に就任、２年後の２月、57歳で退職した私は、いわゆるノンキャリアとして、階級的には最高のポストに就いて退官している。

そんな道警の元幹部が裏金システムの存在を公式に明かしたのだから、社会的にも注目された。全国の警察で裏金システムが存在することが明らかになる上で、大きな「告発」だったと思うが、当然、北海道警察からは裏切り者のレッテルを張られた。

「裏切り者」と言われることを承知で、告発したのには、いくつか理由がある。道警本部長の完全否定が許せなかったことは述べたが、もうひとつ一人の部下の存在がある。

私が北海道警察に採用された1957年というのは、戦後に民主的な警察として創設された市町村警察が、都道府県警察（事実上の国家警察）に変わった3年後にあたる。

1年間の初任科教養が終わり、北海道警察最大の札幌中央警察署に配置され交番勤務となった。1960年5月には国会で新安保条約が強行採決され、岸内閣退陣を要求する抗議デモが頻発、札幌でも連日のように激しいデモが続いた。こうした治安情勢の悪化に対処するため、警察官の増員が始まり、私はその波に乗り1963年には巡査部長に昇任、以降、刑事警察官としての道を歩むことになる。

1972年には岩見沢警察署の刑事防犯課長に就任、その後、勧められて警察庁（保安部防犯課）に出向、警視に昇任し山梨県警察と熊本県警察の捜査第2課長を歴任、役人の汚職事件や選挙違反事件の捜査指揮を執ることになる。

1982年3月には北海道警察に復帰、刑事部機動捜査隊長、防犯部生活課で経済事件の捜査を担当した後、１９８５年３月から、初めて現場を離れ人事等を担当する警務部警務課勤務となった。厚生課長、総務課長と北海道警察の頭脳ともいえる管理部門で仕事する中で、多くの警察庁から出向してくる、いわゆるキャリアといわれる上層部の振る舞いを目の当たりにする機会が増えた。警察全体の姿を知る機会を得たことがその後の警察官人生の大きな転機となった。１９８９年３月には、警視正に昇任、警務課長、旭川中央警察署長、防犯部長を歴任したが、防犯部長当時には、警察庁の指示で、１９９２年５月から始まった拳銃摘発の全国キャンペーン「平成の刀狩」の北海道警察の責任者となった。

退職後の２００２年７月、かつての部下の警部が覚せい剤を使ったとして逮捕される。彼は「平成の刀狩」になくてはならない捜査員として、私が銃器対策室の一員として選んだ人物だった。彼の覚せい剤使用の遠因には、人事管理や裏金の問題もあった。私はなんとか彼を救いたいと考えたが、北海道警察の横やりもあり、彼は悪徳警官の汚名を着たまま服役することになった。

彼を救えなかったことが、私が裏切り者と呼ばれても、北海道警の裏金問題を告発しようと考えた大きな要因だったのである。

だが、裏金問題発覚後も警察組織の浄化はほとんど進まず、国民の警察に対する不信は高まるばかりだった。

２００７年には、警察の犯罪捜査の在り方が問われる無罪判決が相次いだ。２００２年の富山県警察による強姦等事件（氷見事件）と２００３年の鹿児島県警察による公職選挙法違反事件（志布志事件）である。危機感を持った私は、同年、「市民の目フォーラム北海道」を立ち上げ、全国各地での講演、警察に対する苦情等の相談受理、国家賠償請求訴訟（以下「国賠訴訟」）の支援活動、大学での講義などを通じて、警察の改革を訴えてきた。

そうした活動の中で、警察問題に関心を持つ市民の方々、日夜、取材活動を続ける新聞、テレビの記者等のマスコミ関係者の皆さん、そして、国賠訴訟で冤罪被害者等の代理人を務める弁護士の方々など、多くの方と接する機会に恵まれた。皆さんが指摘する警察の在り方や犯罪捜査についての問題点は、在職中に感じていた警察運営に対する疑問とも相通じるところが多かった。

しかし総じて、多くの市民は、警察に関する関心は薄く、警察の犯罪捜査に関する認識は、テレビの刑事ドラマの影響もあるのか、実際の警察の犯罪捜査とは全く異なるものだった。ある程度、警察に関心を持っている方々にも、現在の警察が抱えている様々な組織的な問題はほとんど知られていないようだ。

例えば、現場官庁たる警察を一部のキャリアが支配する現状や、その結果起こる様々な弊害、階級社会の警察官の上下関係の難しさなど組織上の問題がある。また、合理的な根拠の薄いノルマによる業務管理、団塊の世代の大量退職に伴う経験不足の警察官の増加、幹部枠拡大による幹部の資質の低下などについても、正しく理解されていなかった。犯罪捜査の諸問題もこうした組織的な背景を抜きには理解できない。

毎日のように、市民の身の回りで起きている犯罪のほとんどは警察が捜査している。警察が第一次捜査機関とされる所以《ゆえん》である。昨今、特定秘密保護法の制定などもあって、警察の闇の存在ともいえる公安警察の存在が注目を集めているとはいえ、犯罪捜査が警察の表看板であることは間違いない。

犯罪の認知件数は２００２年をピークに毎年10万件単位のスピードで減少を続けている。それに対して、警察の検挙活動は、件数・人員ともに減少し、検挙率は（この統計にも様々な問題はあるが）30％前後で推移している。とりわけ、暴力団犯罪、振り込め詐欺等の組織犯罪や、公務員の汚職や経済犯罪などといった潜在的な犯罪の摘発は低調だ。

そうしたなか、最近の警察の犯罪捜査は、監視カメラ映像、スマートフォンのＧＰＳ機能、あるいは、ＤＮＡデータの捜査への利用など、科学技術の進歩による、いわばデジタル化の傾向が顕著である。特に監視カメラ映像や、ＤＮＡ鑑定によって容疑者が逮捕された事件が増えている印象をお持ちの方も多いことだろう。

しかし、犯罪捜査がいかにデジタル化されようとも、最後の決め手になるのは、捜査の端緒を得るための情報収集、旧来から行われてきた伝統的な、聞き込み、張り込み、尾行、取り調べといった、人による捜査手法であることに変わりはない。デジタルデータ等の過信による誤認逮捕が続く一方で、旧来の捜査手法による捜査の不徹底や不手際から重要事件の捜査に重大な支障が生じた例も後を絶たない。

こうした捜査の現状に対し、警察の犯罪捜査は、刑事訴訟法をはじめとする法律上の根拠が必要とされるところだが、警察は法的な整備を怠ったまま「デジタル捜査」を定着させ、広げようとしている。

また、逮捕、捜索・差押といった令状主義に基づく強制捜査と相手の承諾に基づく任意捜査の間には、「強制にわたらない程度の実力の行使も必要によっては許される」とされる最高裁判所の決定を論拠に、令状主義を逸脱した事実上の強制捜査、いわゆる「グレーゾーン捜査」も当然のごとくに行われている。

志布志事件等をきっかけに高まった取り調べ過程の全面可視化の議論も、十二年余の歳月をかけながら、警察等の猛反対にあってきた。結局、裁判員裁判対象事件に限定する形の刑事訴訟法改正案が2015年8月、第189通常国会に提案され与野党の修正協議を経て衆議院では可決された。現時点では成立時期は不透明だが、現在の国会情勢を見ると、近い将来、可決、成立することは確実だ。

この改正案には、一部可視化の法制化と引き換えに、いわゆる「司法取引」の制度等が盛り込まれている。検察官が、特定犯罪の被疑者等との間で、他人の刑事事件に関して、警察官等の取り調べに際して真実の供述をするなどの行為をし、検察官が起訴しないことなどを合意する制度だ。このほか、「通信傍受法」の対象犯罪が大幅に拡大された。警察の捜査手法の高度化の要求は、捜査対象者の会話を盗み聞きする「会話傍受」やおとり捜査のために警察官が身分を偽装する「仮装身分捜査」などにも拡大されるであろうことは明らかだ。

警察の犯罪捜査に対するチェックは、検察官の警察官に対する指示権や公訴権を通じて可能ではあるが、検察官と警察官は、同じ捜査機関として相互に協力する立場にあり、実質的にはほとんど機能していない。裁判官の令状主義に基づく警察官からの逮捕状等の請求に対する審査も必ずしも機能していない。刑事裁判における警察官が作成した自白調書の審査もどちらかと言えば警察に甘い。

仮に冤罪被害者が刑事裁判で無罪を勝ち取り、警察捜査の違法性を明らかにしようと国賠訴訟を提起したとしても、被告警察は「刑事事件において無罪の判決が確定したという だけで直ちに捜査機関による捜査活動が違法とされるわけではない」とする最高裁判所判決を論拠に、検察、警察も容易にその非を認めようとしない。警察相手の国賠訴訟の原告の勝率は1割にも満たないのが現状だ。

警察の誤認逮捕で釈放されたケースや警察が逮捕し検察官に送致した事件が嫌疑不十分等で不起訴になった、いわば「隠れ冤罪」のケースでは、警察の非を明らかにし、その責任を追及することは、さらに難しい。そのため、多くの人々が泣き寝入りしているのが実情だ。

警察に逮捕されると、必ず、弁護士はどうするかと問われるはずだ。多くは「あとで考える」と答える。警察からいわれのない犯罪容疑をかけられていることを知ったときも同じだ。いち早く、地元の弁護士会か人権派といわれる弁護士に相談することが肝要である。しかし、人権派と言われる弁護士はさほど多くはない。今、市民に必要なのは、日ごろから、警察の犯罪捜査に関する実態を知るほか、任意同行に対する拒否、供述拒否権など、自らが持っている最低限の法律上の権利を知り、実践することだ。それが冤罪被害に遭わないための方策であり、警察の犯罪捜査の適正化を実現する道でもある。

本書は警察の現場で犯罪捜査を体験した一人として、捜査の法的な側面に触れつつ、体験を通じて得た考えをまとめたものである。警察官として半生を過ごし、元警察幹部として裏金問題を告発したのをきっかけに、冤罪事件などの解決に後半生を費やした私の経験をもとに、警察による「犯罪捜査の実態」を明らかにすることを目的としている。

最近では、犯罪報道の便宜を図ってもらうなどのため、多くのマスコミは警察を監視する機能を失いつつあるように見える。そのため、冤罪事件の捜査上の問題点の追及や刑事訴訟法改正について警鐘が鳴らされることは極めて少ない。私には、テロの防止、凶悪犯人逮捕という大義名分のもと、「警察国家」への道が強化されつつあるように見える。元警察官として、危険な兆候を感じている。このままでは市民に対する監視が一層強化され、ある日突然、普通の市民である読者が冤罪事件に巻き込まれる事態になる可能性が増しているのだ。

有罪率99％、数字の上ではほぼ完璧に見える我が国の刑事司法、その入り口にある警察捜査で何が起きているのか。その正体を正しく市民の皆さんに知っていただく必要がある。本書が読者の皆さんにとって、「市民のためのガイドライン」を知るきっかけとなってくれることを願っている。

２０１５年11月　札幌にて　　原田　宏二

目次

第１部　警察捜査と刑事訴訟法

第1章　刑事訴訟法「大改正」のポイント

警察官のよりどころ

犯罪の被害にあったり事故に遭遇したりしたとき、国民は警察を頼らざるを得ない。どんな社会になっても警察はどうしても必要な組織だ。そのために警察には強い権限が与えられている。しかし、その警察も権限の運用に行き過ぎがあったり、偏ったり、誤ったりすることがある。

警察は国民のためにある。警察はその原点を忘れてはならない。

では、このとき警察官は何をよりどころとすればよいのか？

「警察官が『正義』をよりどころにしてはいけません」

こう私に話してくれたのは警察小説の名手、作家の佐々木譲《じょう》さんである。警察組織が体現しているのは正義ではない。警察官がよりどころにしているのは法律であり、それ以上のものではない。だから、佐々木さんは、「小説の中で、けして警察官に正義を語らせない。警察官が正義を口にした瞬間、その正義は腐るのだ」と言うのである。

私がかつて警察官時代に心がけていたのも、同じことだった。警察官は法の執行者として淡々と任務を果たせばいいのだ。プロとして必要な知識と技術を学び体力を養う。そしてそれに見合った報酬を受け取る。それ以上でもそれ以下でもない。

世の中には、警察を正義の味方にしておきたい人もいる。まるで警察を悪の権化のように言うアンチ警察の人もいる。私はいずれにも与《くみ》しない。まず、この点を冒頭に確認しておきたいと思う。

その警察官の犯罪捜査権限を規定している法律が、刑事訴訟法（以下、刑訴法）である。警察官は、この刑訴法を第一のよりどころにして、粛々と任務を果たせばよい。ところが、現実には刑訴法に照らすと「グレーゾーン」、あるいははっきり逸脱していると言ってもよい警察捜査がまかり通っている。

本書の目的のひとつは、刑訴法の原点に立ち返って、警察捜査の基本を考察するところにある。その過程で「グレーゾーン」捜査などについてもじっくりと検証していく。

その手始めとして、２０１５（平成27）年の第１８９通常国会に提出されて、８月に衆議院を通過した刑訴法等の改正案について点検することから始めよう。いくら警察官が粛々と法律をよりどころにし、逸脱しないとしても、その刑訴法自体に問題があり、例えば憲法が規定している国民の権利が奪われ、警察の権限ばかりが拡大するとすれば、危険な警察国家が出来上がることになってしまうのだ。

そして残念なことに、もしこのまま今回の刑事訴訟法改正案が参議院も通過し、可決されたとすると、国民にはもはや自身の権利を確保し、警察捜査による冤罪などから身を守る方法が、十二分に自衛する以外にほとんどなくなる危険性すらあるのである。

刑事訴訟法改正案の骨子

２０１５年8月に衆議院を通過した「刑事訴訟法等の一部を改正する法律案」（以下「刑訴法改正案」）には、「取り調べの録音・録画制度」の創設と引き換えに、捜査手法の高度化という名の下に、いわゆる「司法取引制度（合意制度）」と「刑事免責制度」の創設が盛り込まれている。同時に、「犯罪捜査のための通信傍受に関する法律」（以下「通信傍受法」）の通信傍受対象犯罪が大幅に拡大されるなどの改正も提案された。

法務省の資料「刑事訴訟法等の一部を改正する法律案の概要」によれば、改正のポイントは以下とされている。

- **時代に即した新たな刑事司法制度の構築**
- **取調べの録音・録画制度の導入**
- **合意制度、刑事免責制度の導入**
- **通信傍受の合理化・効率化**

・裁量保釈の判断に当たっての考慮事情の明確化
・弁護人による援助の充実化
・証拠開示制度の拡充
・犯罪被害者等・証人を保護するための措置
・証拠隠滅等の罪などの法定刑の引き上げ
・自白事件の簡易迅速な処理のための措置

取り調べ全面可視化の議論では、民主党政権下の松原仁国家公安委員長の私的諮問機関「捜査手法、取調べの高度化を図るための研究会」の最終報告にふれておきたい。

当時、可視化と引き換えに導入を検討するべきだとしたのは、DNA型データベースの拡充、通信傍受の拡大、会話傍受、仮装身分捜査、量刑減免制度、王冠証人制度、司法取引、刑事免責、証人を保護するための制度、被疑者・被告人の虚偽供述の処罰化、黙秘に対する推定、刑法その他の実体法（刑罰法令）の見直しなどだった。そのうち、DNA型データベースについては、第2章で詳述するが警察庁は法的な整備を行わないまま、着々と拡充しているほか、今回の刑訴法等の改正案では、通信傍受の拡大、司法取引、刑事免責、証人を保護するための制度の4項目が導入されている。

警察庁は「会話傍受」（住居等に密かに侵入し録音・録画機器を設置、会話等を傍受・記録する捜査手法）は、組織的な犯罪の捜査に効果的であるとし、「仮装身分捜査」（捜査員が身分を仮装して、被疑者を始めとする捜査対象者と接触し、情報収集等をすることによって、犯罪組織の内部情報や事件の立件に資する証拠を収集し、首謀者を含め組織を一網打尽にする捜査手法）の導入も視野に入れている（平成26年版警察白書）。

刑法その他の実体法（刑罰法令）の見直しでは、既に２０１４年12月に特定秘密の保護に関する法律が施行されている。さらに３度、廃案となった共謀罪（組織的な犯罪の処罰及び犯罪収益の規制等に関する法律）が、近く、国会に提案されるのではないかと取りざたされている。

司法取引、刑事免責の制度は、冤罪を生むおそれの高い制度であり、通信傍受に至っては憲法違反の指摘もある。こうした危険な刑事司法改革が着々と進められていることを国民の多くが知らない。

刑訴法改正が、どれだけ危険な要素を含んでいるのか。以下、「取り調べの可視化」「司法取引」「通信傍受法」などについて細かく見ていこう。

警察の録音・録画は裁判員裁判対象事件に限定

刑訴法改正案によると、取り調べの録音・録画は、取り調べの適正化などのため検察官、検察事務官、司法警察職員は、刑訴法198条（被疑者の出頭要求・取調）による取り調べに際し、できる限り、取り調べの状況を録音・録画するものとするとされている。つまり、全ての事件の被疑者の取り調べで録音・録画をすることが捜査機関の努力義務とされている。

そのうえで、取り調べで録音・録画を実施するのは、被疑者が弁護人の同意を得て拒否した場合等を除いて、検察官が端緒を得て自ら捜査する事件と検察官が告訴、告発等を受けて捜査する事件、それに、裁判員裁判の対象となる可能性がある事件で逮捕・勾留されている被疑者の取り調べ及び被疑者に与えられる「弁解の機会」の全過程である。弁解の機会とは、刑訴法203条で「被疑者は、逮捕直後に司法警察員から、犯罪事実の要旨及び弁護人を選任することができる旨を告げられたうえ、弁解の機会を与えられる。その際の供述は弁解録取書に記録される」と定められている。

いずれにせよ、警察官（司法警察職員）の取り調べの録音・録画は裁判員裁判の対象となる事件に限定されることになる。

また、今回の刑訴法改正案では、検察官、検察事務官、司法警察職員は、録音・録画実施対象事件の被疑者以外の逮捕・勾留した全ての被疑者に、あらかじめ、取り調べの状況について、録音・録画するよう申し出ることができる旨を告げることが義務付けられ、被疑者の申し出があれば、録音・録画しなければならない。

日本弁護士連合会（日弁連）は、裁判員制度の導入と同時に、被疑者取り調べの全過程を可視化するよう求めていたが、今回の刑訴法改正案では、警察に取り調べの可視化を義務化するのは裁判員裁判の対象被疑者に限定することになっている。後で説明するように、警察が取り調べる被疑者の99％以上は裁判員裁判の対象外の被疑者である。今回の刑訴法改正案は、逮捕・勾留した被疑者に対しても警察官は、あらかじめ録音・録画を申し出るよう告げることを義務付け、被疑者が「録音・録画してほしい」と申し出をすれば、録音・録画をしなければならない。全ての被疑者が、警察官に録音・録画するように申し出れば、日弁連が求めていた「被疑者取調べの全過程の可視化」が実現することになる。これによって、これまでの違法な取り調べに、少しは歯止めがかけられる可能性がある（任意被疑者は後述）。

これまでは、逮捕された被疑者は、留置時に所持品を検査されたうえすべて保管されるから、取調室にＩＣレコーダーを持ち込むことは不可能だった。取り調べが終わり留置室に戻されてから弁護人から差し入れされた「取り調べノート」にその日の取り調べ状況を記載するのがせいぜいだった。

なお、取り調べ及び弁解の機会の状況について、必要な録音・録画が行われなかった自白調書は証拠能力が否定される。

警察が全面可視化に反対する理由

裁判員裁判の対象になる、すなわち取り調べが録音・録画されるのは、地方裁判所で行われる刑事裁判（第一審）のうち殺人罪、傷害致死罪、強盗致死傷罪、現住建造物等放火罪、身代金目的誘拐罪などの、一定の重大な犯罪である。

警察庁によると、２０１４年中に裁判員裁判対象事件等として報告のあった検挙件数は３３３９件（２０１３年中は３１０５件）で、そのうち録音・録画を実施した件数は、２８４５件（実施回数２万４１０７回）で、録音・録画の実施率は85・２％である。

平成26年版犯罪白書によると、２０１３年中の刑法犯、特別法犯の検挙人員は97万人強いるので、警察が２０１３年中に裁判員裁判対象事件として取り扱った３５０１件を１件１人として仮定すると、取り調べ人員のうち、裁判員裁判対象事件の人員は全体の０・３６％に過ぎないことになる。ちなみに、平成25年度の司法統計によると、全国の地方裁判所で通常の公判手続きによる事件（略式事件以外の事件）の第一審（地方裁判所）の裁判を受けた人は５万２２２９人、そのうち裁判員裁判は１３８７人（２・７％）である。

今回の刑訴法改正で、可視化がスタートしたとしても、警察が取り調べる被疑者の99％

は可視化の対象にはならないことになる。ちなみに、氷見事件も志布志事件も、当時は裁判員裁判制度はなかったが、仮に、あったとしても裁判員裁判の対象事件ではなかった。しかし、2つの事件は冤罪だった。

警察が、全ての取り調べの録音・録画に反対した理由ははっきりしている。

警察の検挙した事件の端緒は、被疑者の取り調べによるものが、毎年、全体の約35%を占めている。警察が公表している検挙率は、余罪で支えられている。つまり、逮捕した被疑者を勾留中に取り調べて余罪を叩き出すことで、何とか30%前後の検挙率を維持しているのだ。ちなみに、刑法犯で検挙された被疑者1人につき平均で1・5件の余罪があるということだ。空き巣等の侵入窃盗事件では、実に5・9件である。こうした数字からも警察の検挙活動（検挙率）が、いかに余罪の叩き出しに依存しているかが分かる。

録音・録画で取り調べがやりづらくなれば、検挙率が下がる。警察が取り調べの録音・録画に反対する理由はここにある。数字上検挙率が低下して治安水準の低下を指摘されることを警察は恐れているのだ。

それでも警察庁は、2014年9月からは被疑者が取調室に入る段階から録音・録画することを全国の警察に指示したという。録音・録画を試行した取調官2155人のアンケート調査では、取調官の9割が録音・録画が捜査上有効だとしているが、他方、約9割の取調官が「被疑者の真の供述が得られにくくなる」等の理由から、取り調べの録音・録画の一律の義務付けを否定的に考えている（平成26年版警察白書）。

任意での取り調べを受ける被疑者は録音できる

取り調べの録音に関して、今回の改正で注目すべき点もある。

その一つは、逮捕・勾留されていない任意で取り調べを受ける被疑者は、自己の手段で取り調べの状況を録音することができることになったことである。検察官、検察事務官、司法警察職員は、被疑者に対して、その旨を告げなければならない。一方、被疑者も自己の手段で録音する場合には取調官にその旨を明らかにする必要がある。

被疑者、弁護人は、その録音を被疑者等の防御、国賠訴訟などに被疑者等の権利を擁護する目的で用いることができることになった。

その二つは、参考人の取り調べについても検察官、検察事務官、司法警察職員は、必要に応じて取り調べの状況を録音・録画するように努めることとされ、参考人も、取り調べ状況を自己手段により録音することができることになった。これまでは、任意で取り調べを受ける被疑者や参考人は、取り調べ状況を録音やメモをすることは事実上できなかった。取調官は録音やメモをしようとすれば必ず拒否したからだ。

警察が検挙した事件（刑法犯）の被疑者の任意・強制別をみると、意外かも知れないが、約70％が任意で、逮捕は約30％である。特別法でも約60％が任意で逮捕は約40％なのである。これは、警察の検挙する事件が、比較的軽微な事件であることが主たる要因である。

参考人の供述は任意であるから問題はないと思われるかも知れないが、そうではない。過去にも、目撃者の供述が警察にとって都合の良い内容になっていたことがままある。その供述が決め手となって冤罪が生まれる可能性があるのだ。

２０１５年８月、少女への強姦罪などで懲役12年の判決が確定、服役した男性（71歳）の再審裁判が行われ、検察側は「被害証言の虚偽を見抜けず無罪となるべき事件を起訴して服役を余儀なくさせたことは誠に申し訳ない。」と謝罪した。男性は被告人質問で「刑事も検事も言い分に耳を貸してくれなかった。一審の裁判官からも、有罪と決めつけるような言葉を浴びせられた。罪を着せられた原因を解明してほしい。」と訴えた（同年８月20日付朝日新聞）。

大阪地検によると、男性は２００４年と２００８年に大阪市内で同じ女性を襲い、同年に女性の胸をつかむなどしたとして起訴された。男性は一貫して無実を訴えたが、２０１１年に刑が確定した。検察が２０１４年９月の再審請求を受けて再捜査したところ、確定判決の根拠となる証言をした女性と目撃者が説明を一転。男性が事件に関与していないことを示す客観的証拠も見つかったという。

ただ、犯罪の被害者や目撃者等の参考人が、自らの供述の意味と重要性に関する理解が進んでいない現状では、この参考人の自己録音制度がどのくらい実効性があるかは疑問だ。現在はスマートフォンの録音機能で比較的簡単に録音が可能だし、市民が参考人であっても自らの証言の重大性を自覚するようになれば、録音する人が増えてくるかも知れない。

警察の被疑者の取り調べは、長期間にわたり警察が管理する留置施設（留置場）に身柄を勾留される中で、弁護士の立ち会いもなく、外部から遮断された「密室」で行われる。このため、取調官が被疑者等を威圧したり、利益誘導したりといった違法・不当な取り調べが行われ易く、その結果、被疑者等が意に反する供述を強いられたり、供述と食い違う調書が作成され、それが冤罪の要因になってきた。

志布志事件の刑事裁判や国賠訴訟の裁判で白日の下に晒されたのは、取調官による数々の違法な取り調べだった。また、強姦未遂と強姦事件で懲役3年の判決を受け服役を終えた市民の冤罪が、別の真犯人逮捕で判明した氷見事件も録音・録画が行われていたなら、強引な取り調べも起こり得なかった。

冤罪の多くは警察官の取り調べに問題があった。取り調べの全面的な録音・録画だけで冤罪が無くなるとは思わないが、今回の刑訴法改正により取調官は、取り調べに慎重にならざるを得なくなるだろう。また、これまでのような自白偏重といわれる犯罪捜査も、より客観的な証拠に基づく立証に力を注ぐことにならざるを得なくなるだろう。

ただし、繰り返すが今回の刑訴法改正による「取り調べの可視化」は、あくまで「裁判員裁判」に限られた。一方で、「可視化」の代わりに、以下説明する「司法取引」を行う権利を捜査側が得ることになり、「焼け太り」と指摘されることになったのである。

司法取引(合意制度)の導入

合意制度というのは検察官が、「特定犯罪」の被疑者・被告人との間で、被疑者・被告人が他人の刑事事件について、真実の供述をしたり、証拠の提出などに協力することを条件に、検察官が起訴しないことなどを合意することができる制度である。弁護人の同意が条件だが、一般に司法取引と呼ばれる。

対象になる特定犯罪には、公務執行妨害、文書偽造、汚職、詐欺、横領、恐喝などのほか、組織的犯罪処罰法違反、組織的な詐欺、恐喝、犯罪収益隠匿、収受、覚せい剤取締法違反、銃砲刀剣類所持等取締法違反等、かなり幅が広い。

共犯者の供述による冤罪事件として忘れてはいけないのは、大正時代に名古屋市内で発生した強盗殺人事件、吉田岩窟王事件だ。事件の直後に男2人が逮捕されたが、罪の軽減を狙った2人は「主犯は別にいる」と供述、主犯として全く無関係の吉田石松さん（当時34歳・故人）が逮捕された。名古屋高等裁判所が、吉田さんのアリバイを認め、無罪判決を言い渡すまでになんと49年もかかった。司法取引はこんな例を生みかねないのだ。

我が国では、刑事政策的理由から、刑法に自首等の規定のほか、いくつかの犯罪にも被疑者が捜査機関に発覚する前に自首した場合の刑の減軽の規定がある。1993年には、銃砲刀剣類所持等取締法（以下「銃刀法」）が改正され、けん銃・実包を所持する者が当該けん銃実包を提出して自首したときは、当該けん銃実包の不法所持の罪の刑を減軽し、又は免除するという「自首・減免規定」が創設された。しかし、これらの規定は、刑を軽減するか、免除するかを決めるのは最終的には裁判官である。

今回の刑訴法改正案による司法取引は、検察官が被疑者又は被告人との間で合意することによって成立する。被疑者の行為の一つに警察官の証拠の収集や証拠の提出等の協力をすることも含まれているから、捜査の早い段階で捜査機関である検察官、警察官が積極的に関与することが認められることになり、司法取引の濫用の危険性が多分にある。

特に、警察官の取り調べでは、自白すれば刑が軽くなるとか、早く釈放されるとかいった被疑者に対する便宜供与的な警察官の言動で被疑者の自白を引き出した事例は数多くある。取り調べの可視化が行われても、警察官と被疑者は取調室以外で話すことも可能だ。

さらに、検察官や裁判官が全く関与しない警察の捜査の段階で自主減免規定が濫用された事例がある。先の銃刀法の自主減免規定は、警察が折から展開していたけん銃摘発のキャンペーン「平成の刀狩」の中で、けん銃押収実績をあげるため、警察官が暴力団員等と取引し、けん銃等をコインロッカー等に隠匿させ、これを押収することで、けん銃押収数の実績を争ったのである。こうして、押収したけん銃を「首なしけん銃」と称した。この結果、1993年から1995年までの間、全国の警察が押収したけん銃丁数のうち、26%から40%が、被疑者不明のけん銃だった。こうした手法は警察官の犯人隠避等の犯罪を構成する違法行為である。

日弁連会長は、司法取引について「日弁連としては基本的に反対の意見表明をしてきた。運用には慎重な対応が必要だ。他人を引っ張り込んで、冤罪を新たに生み出すようなものになってはいけない。ただ、弁護士も関与して書面で同意するという形になるので、弁護士がしっかりと役割を果たせるかどうかが大きい」と指摘しているが、果たして、弁護士がこうした警察の違法な捜査にどこまで踏み込めるのか疑問だ。

合意制度（司法取引）と同時に導入されるのが刑事免責制度であるが、こちらも問題がある。刑事免責制度は、裁判所の決定により、免責を与える条件の下で、証人にとって不利益な事項についても証言を義務付ける制度である。検察官は、あらかじめ、裁判所に証人尋問で証人の証言等が、証人にとって不利益な証拠としないこと、有罪判決を受けるおそれのある証言を拒否できないことなどを条件に証言させるよう請求できることになった。憲法38条1項は、「何人も、自己に不利益な供述を強要されない。」としている。刑訴法146条では、「何人も、自己が刑事訴追を受け、又は有罪判決を受ける虞《おそれ》のある証言を拒むことができる。」とある。こうしたことから、刑事免責制度は、憲法に違反するのではないかとの指摘もある。この制度も司法取引と同じように、事件とは何の関係もない人を冤罪に巻き込んでしまう危険性があるのだ。

通信傍受法をめぐる論争

今回の刑訴法改正案とともに「通信傍受法」の改正案も提出された。

刑訴法222条の2では、「通信の当事者のいずれの同意も得ないで電気通信の傍受を行う強制の処分」は、別の法律で定めるとしている。「別の法律」というのが「通信傍受法」である。

憲法21条1項は、「集会、結社及び言論、出版その他一切の表現の自由は、これを保障する」とし、その2項で「検閲は、これをしてはならない。通信の秘密は、これを侵してはならない」とする。警察が犯罪捜査のため通信を傍受することは明らかに「通信の秘密」を侵すことに他ならない。

2000年8月15日に施行された通信傍受法により、傍受の対象になる通信は固定電話通話だけではなく、携帯電話、スマートフォン、FAX通信、インターネット上でなされるすべてのタイプの通信（電子メール、チャット、電子掲示板等）が含まれる。最近では、国民の多くが日常生活でスマートフォンやインターネットを使っている。監視カメラ映像による国民の日常生活の監視とともに通信傍受の拡大によって警察の国民監視網が一層強化されることになる。

通信傍受法は制定当時から、世論の強い批判があり、法律学者の間でも賛否両論あり、激しく対立した。その批判の要点は、通信傍受を許容することは必然的に犯罪関連通信以外の適法な通信をも無限定に傍受させてしまうこととならざるをえないから、傍受対象通信であるかどうかの判断を捜査機関に委ねることになり、傍受対象が無制限に広がる危険性が大きいことにあった。

また、犯罪捜査の対象は、刑事訴訟法189条に「司法警察職員は、犯罪があると思料するときは、犯人及び証拠を捜査するものとする。」とあるように、過去に起きた犯罪の存在を前提としている。ところが通信傍受法は、未発生の犯罪を想定して傍受を認めることになっている。これについては、司法警察活動の行政化であり警察権限の濫用につながるとの批判もあった。

これまでの通信傍受法では、通信傍受対象犯罪を「銃器犯罪」等4類型に限定し、傍受には裁判官による傍受令状を必要とし、管理者の立ち会いのほか、通信の当事者に対する事後的な通知をすることとされている。

通信傍受に類するものとしては、民主党政権時に成立した「コンピュータ監視法」がある。これは、刑訴法197条3項により、警察が捜査のため必要があるときに、裁判所の令状なしに、プロバイダ（通信事業者）などに通信履歴を一定期間保管させることができるという規定だ。また、今後、予想される「会話傍受」（住居等に密かに侵入し録音・録画機器を設置、会話等を傍受・記録する）の法制化、いわゆる「盗聴法」の問題もある。

通信傍受可能な犯罪が拡大へ

今回の法改正案では、通信傍受の対象犯罪をこれまでの「銃器犯罪」、「薬物犯罪」、「集団密航」、「組織的殺人」の4類型に加えて、さらに、「爆発物使用」、「放火」、「殺人」、「傷害」、「傷害致死」、「逮捕及び監禁」、「略取及び誘拐」、「人身売買」、「窃盗」、「強盗」、「強盗致死傷」、「詐欺」、「恐喝」、「児童ポルノ等の提供、製造等」などが追加された。

法務省によると、2014年中に、通信傍受法に基づき、通信を傍受した事件は覚せい剤の密売、けん銃の不法所持など10事件で、傍受したのはすべてが携帯電話の通信で、傍受した通話は1万3778回だった。通信傍受法の改正により、通信傍受の件数は一段と増加するであろう。

通信傍受法3条1項によれば、以下の①～③のいずれかに該当し、かつ、他の方法によっては犯人特定や犯行状況、内容の解明が著しく困難であるときに、裁判官の発する傍受令状により、通信傍受を実施することが許される。

① (対象)犯罪が犯されたと疑うに足りる十分な理由がある場合で、数人の共謀が疑われる場合。

② (対象)犯罪が犯され、かつ、引き続き当該犯罪と一定の関係にある犯罪が犯されると疑うに足りる十分な理由がある場合で、数人の共謀が疑われる場合。

③ 死刑または無期もしくは長期2年以上の懲役もしくは禁錮にあたる罪が(対象)犯罪と一体的にその実行に必要な準備のために犯され、かつ、引き続き(対象)犯罪が犯されると疑うに足りる十分な理由がある場合において、それらの犯罪が数人の共謀によるものであると疑うに足りる状況があるとき。

傍受対象となる通信はこれらの犯罪関連通信である。②や③のように、過去犯罪と一定の関係性をもつと予測される将来犯罪(未発生犯罪)に関連する通信についても許されることになっている。

刑訴法では、捜査機関が強制捜査を行うときには、裁判官が事前に発した令状に基づかなければならないという原則を定めている。これを令状主義という。その目的は、捜査機関が捜査に藉口《しゃこう》して、権限を濫用し、人権を侵害することを防止することにある。

根本的な規定は、日本国憲法33条（逮捕に対する保障）に、「何人も、現行犯として逮捕される場合を除いては、権限を有する司法官憲（裁判官）が発し、且つ理由となっている犯罪を明示する令状によらなければ、逮捕されない。」や、憲法35条1項（住居の不可侵）にある。

捜査機関が、通信傍受を行おうとする場合には、あらかじめ、地方裁判所の裁判官が発付する傍受令状に基づいて行われる。

こうした人権侵害のおそれがある捜査手法を果たして裁判官がチェックできるのかは大いに疑問だ。ちなみに、平成25年度司法統計によると、逮捕状請求に対する却下率は、わずか0・06％、捜索・差押許可状請求の却下率は0・07％に過ぎない。裁判官による令状発付を「自動販売機」と指摘する向きもある。

身内の甘いチェックで通信傍受可能に

傍受令状の請求は、検察官又は司法警察員（国家公安委員会又は都道府県公安委員会が指定する警視以上の警察官）等から地方裁判所の裁判官にしなければならない。

警察内部の手続きは、通信傍受規則（平成12年国家公安委員会規則）3条で、傍受令状の請求は、警察本部長に報告し、事前にその承認を受けて行わなければならないとされる。請求をするときは、傍受の理由及び必要性を疎明《そめい》する参考人供述調書、捜査報告書その他の資料並びに傍受の実施方法及び場所その他傍受令状請求書の記載事項を明らかにする資料を添えて行わなければならないとしている。

請求は公安委員会が指定する警視以上の警察官が行うが、事件の捜査全般の状況を把握している警察官が裁判官の下に出頭し、裁判官の求めに応じ、陳述し、又は書類その他の物を提示することとしている。一方、プロバイダ等の通信事業者には、通信傍受に協力する義務があり、正当な理由なくこれを拒むことはできない（通信傍受法11条）。

通信傍受令状の執行は、警察官が、原則としてプロバイダの施設に赴き、その関係者の立ち会いを得て執行することとされていたが、今回の改正で、プロバイダから暗号化して警察署に伝送させ、警察署でさらに暗号を復号化することで、「立会人なし」で傍受が可能になる。立会人については、自民党、公明党、民主党、維新の党の4党合意で、警察施設の通信傍受において、第三者の立会人ではなく、その事件捜査に関係のない別の部署の警察官が立ち会うという「合意」がなされたとされている。この点については同法の改正案の条文や付帯決議にも書かれていなかった。仮に、書かれていたとしても、「身内」である警察内部の人間が立ち会うことが厳しいチェックにつながるとは思えない。

犯罪関連通信に該当するかどうかを判断するための傍受は、必要最小限の範囲で許されるから、この該当性判断のための傍受はスポット・モニタリング（断続的に短時間の傍受を繰り返す方法）により行われると説明されている。しかし、犯罪関連通信に該当するかどうかは、通信内容全体を聞いてみなければわからないことから、結局は通話内容がほぼすべて傍受されることになる。そうなると、憲法35条で、令状には押収するべき物を明示することが必要とされているので、問題があるとの指摘もある。

通信傍受令状の請求の理由には、「別表に掲げる罪が犯されたと疑うに足りる十分な理由がある場合」等（通信傍受法3条）とされ、逮捕状の請求の理由である「被疑者が罪を犯したことを疑うに足りる相当な理由があるとき」（刑訴法199条）より、厳しくなっているように見えるが、実務上、「十分な理由」と「相当な理由」には明確な差はない。

通信傍受令状の請求は、警察本部長の承認を必要とし、警視以上（逮捕状等は警部以上）の警察官が行うとされるが、所詮は警察の内部的なチェックであり、捜査上の必要性が重視されるであろうことは目に見えている。裁判官による逮捕状等の発付審査は形式的で却下率は極めて低い。請求資料として添付される報告書にしても警察にとって都合の良い内容で作成される。虚偽の内容の報告書が作成されることが、それほど珍しくないことも知っておく必要がある。

通信傍受の対象犯罪が、日常的に発生する犯罪である窃盗などに拡大されたことにより、警察による通信傍受令状の請求と執行が飛躍的に増えることは目に見えている。加えて、プロバイダの立ち会いも不要で、警察署などでも行えるから、警察官による恣意的な運用の危険性は極めて高くなる。

ここまで、取り調べの可視化や通信傍受法などを中心に説明してきた。今回の刑訴法改正案が成立したとしても、これだけで自白偏重の人質司法が改善されるわけではない。密室で行われる取り調べに弁護人の立ち会いが認められたわけでもなく、冤罪の温床だと指摘される警察の留置施設に長期間にわたり身柄を拘束する、かつての「代用監獄制度」(現在は代用刑事施設)は温存されている。

一方では、被疑者国選弁護制度の対象事件の拡大、合意制度における弁護人の同意など、弁護人による犯罪捜査への関与が随所に盛り込まれ、警察白書でも捜査を取り巻く環境が厳しくなったことを認めている。こうした状況を打破するため、警察は共謀罪をはじめとする実体法の制定や更なる捜査手法の高度化を進めてくるものと思われる。

国家公安委員長の私的諮問機関「捜査手法、取り調べの高度化を図るための研究会」の最終報告が、自ら認めているように、一連の無罪事件等によって警察捜査に対する国民の信頼が大きく揺らいでいる現段階で、治安水準の維持を口実に捜査機関の権限を強化することは危険この上もない。今回の刑訴法改正案等が可決されたなら、国民は自衛する以外に自らを守る方法はない。

第2章　問題だらけの「デジタル捜査」「科学捜査」

警察は「デジタル捜査」の法制化に消極的

警察の責務は、警察法2条1項で「警察は、個人の生命、身体及び財産の保護に任じ、犯罪の予防、鎮圧及び捜査、被疑者の逮捕、交通の取締その他公共の安全と秩序の維持に当ることをもつてその責務とする。」とされ、2項では「警察の活動は、厳格に前項の責務の範囲に限られるべきものであつて、その責務の遂行に当つては、不偏不党且つ公平中正を旨とし、いやしくも日本国憲法の保障する個人の権利及び自由の干渉にわたる等その権限を濫用することがあつてはならない。」とその権限の濫用を戒めている。

戦後、警察は刑訴法により第一次捜査機関としての地位を与えられ、自らの責任において捜査を行うこととなった。刑訴法には「警察官は、それぞれ、他の法律又は国家公安委員会若《も》しくは都道府県公安委員会の定めるところにより、司法警察職員として職務を行う。」とある。警察官が犯罪の捜査を行うに当たって守るべき心構え、捜査の方法、手続きその他捜査に関し必要な事項を定めることを目的とする犯罪捜査規範（以下、規範）は、その3条（法令等の厳守）において「捜査を行うに当たつては、警察法、刑事訴訟法、その他の法令及び規則を厳守し、個人の自由及び権利を不当に侵害することのないように注意しなければならない。」としている。一連の法律等が明記しているように、警察官の犯罪捜査の根本的な基本原則は、法律を遵守することであることは疑いのない事実である。

しかし、その実態は、任意捜査の限界を超える事実上の強制捜査（捜査関係事項照会、インターネット監視、写真・指紋等の採取、任意同行、取り調べ等）や法的根拠を欠く捜査（監視カメラ映像の活用、GPS捜査、DNAデータ収集と照合等）といった捜査のほか、刑訴法上捜査といえない捜査着手のための準備活動としての情報収集活動や無差別検問等が、警察法2条の拡大解釈のもとで展開されている。

警察庁は、科学技術の進展、とりわけ、コンピュータをはじめとするデジタル技術の進展を犯罪捜査に取り入れることに積極的に取り組んでいるが、そうした手法についての法制化については消極的だ。これらの中には、先に説明した「令状主義」に反するのではないかと疑われる手法も含まれている。

私は、これらをグレーゾーン捜査と呼んでいる。

グレーゾーン捜査は国民に保障された適正手続きの保障を無視するものであり、法令を遵守するべき犯罪捜査の基本原則をないがしろにするものであることは間違いない。

しかも、警察庁をはじめとする各都道府県警察は、グレーゾーン捜査を積極的に推し進めており、こうした手法を自在に操れる捜査員を有能だと評価する風潮さえ組織内に生み出している。そして、マスコミもこれを黙認している。

広がり続ける捜査用監視カメラシステム

今や、警察の犯罪捜査に欠くことのできない防犯カメラと称する捜査用監視カメラは、全国で330万台、JR等の駅に5万6000台(国交省)が設置されているとされる。デパート等の大型店舗、金融機関、商店街や繁華街の道路、コンビニ店舗、ガソリンスタンド、マンション、ありとあらゆる場所に監視カメラの眼が光っている。街中を走るタクシーのドライビングレコーダー、幹線道路にはNシステム(自動車ナンバー自動読取装置)がある。2016(平成28)年春には、新幹線の客室でも監視カメラによる常時録画が始まる。国民の日常生活は常に監視下にあり、警察はその画像をほぼ自由に捜査に使える。これらの監視網は警察の犯罪捜査には欠くことができないシステムになっている。

警察が管理する街頭防犯カメラも増えている。警察庁は２０１１年度から都道府県警察による街頭防犯カメラの設置の促進を図るため、街頭防犯カメラ整備パイロット事業を展開している。街頭の会話を録音したり、急に動いたものを自動的に察知し警察署に送信できるカメラもあるという。

その犯罪抑止効果について、警察庁の「警察が設置する街頭防犯カメラシステムに関する研究会」（以下「研究会」）の「最終とりまとめ（平成23年3月）」は、「設置地区における犯罪の水準が大きく低下したのは、防犯カメラの設置を含めた総合的な防犯対策の結果と解釈されるべきであろう」と曖昧な結論を出している。全国に5万店舗あるとされるコンビニエンスストア、そこには必ずと言っていいほど防犯カメラが設置されているが、コンビニ強盗はあとを絶たない。

それだけではない。警察は膨大な被疑者写真や運転免許証写真のデータを保有しているが、東京都では「『10年後の東京』への実行プログラム」の施策の中で、テロリストや指名手配被疑者の写真を3次元顔形状データに変換し、それと民間企業の防犯カメラにより撮影された顔画像（映像）とを自動照合するシステムを構築するとしており、警視庁では、

２０１１年3月以降、東京都内20ヵ所に設置された民間の防犯カメラと警視庁の写真データベースを結ぶ顔認証・照合システム（三次元顔画像識別システム）の試験運用を始めている。

さらに、雑踏や群衆にビデオカメラを向けると瞬時に特定の人物を見つけ出すことができる「顔認証装置」が２０１４年度に全国５都県の警察に導入された。警察庁は組織犯罪捜査に活用していると説明している（同年2月27日付毎日新聞）。

総務省所管の独立行政法人やその委託を受けた大手民間企業が、駅の乗客の「不審行動」を追跡するシステムを開発していることも明らかになっている（同年7月12日付朝日新聞）。

大阪では、タクシーのドライブレコーダーの映像を警察に提供するムービングアイ包囲網と称するシステムが運用されている。こうしたシステムは、今後、全国に広がるだろう。

監視カメラ運用の法的規制はあと回し

顔画像情報や後述するＤＮＡ型は、れっきとした個人情報である。しかし、捜査機関がその個人情報を犯罪捜査に利用する際の法的な規制は全くない。裁判官の差押許可状もなく刑訴法の捜査関係事項照会（刑訴法１９７条2項）や、任意の押収である領置《りょうち》（同法２２１条）といった任意捜査で入手している。

監視カメラの設置・管理・運用基準に関する法律も未だに制定されていない。

監視カメラの設置の届け出や管理の在り方を条例で定めている自治体は東京・杉並区など一部にとどまる。京都府、大阪市、堺市などは管理・運用の指針を公表しているが、法的な拘束力はなく、周知も足りない（２０１３年4月12日付読売新聞）。

各都道府県警察では、街頭防犯カメラシステム運用規定を定めている。北海道警察の運用要綱によると、設置場所の選定等、画像データの管理、検索、犯罪捜査などへの提供に関する手続き、運用状況の公表などを定めているが、警察庁は、警察の設置する街頭防犯カメラについて、我が国においても、具体的な手続きが明確化され、それに基づき運用されることが確保されるのであれば、必ずしも特別な法的根拠規定を設けるまでの必要はないとしている。

民間が設置する防犯カメラ映像についても同様の問題がある。

コンビニ経営者が、防犯カメラにより撮影されたビデオテープを警察の求めに応じて提供したことに対して、肖像権、プライバシー権が侵害されたとして損害賠償請求された事案がある。名古屋地裁は、違法な侵害に当たらないと請求を棄却しているが、判決で「被告は、本件コンビニにおいて発生する可能性のある犯罪及び事故に対処する目的をもって、防犯ビデオカメラを設置し、その映像をビデオテープに録画するシステムを採用したものであり、その目的は相当なものである。しかし、このビデオテープには本件コンビニの来店客が順次撮影されていることによると、被告が上記目的を逸脱して利用することは許されないものと解される。そして、警察から協力を求められた場合であっても、上記の目的を著しく逸脱するものであるときには違法と評価されることがあると解すべきである。」と判示した。

この問題についても、日弁連は「警察が管理・設置する監視カメラに関する意見書」（２０１２年１月20日）で、深刻なプライバシー権・自己情報コントロール権の侵害をもたらし、自由で闊達な市民社会の形成を阻害するおそれが強いものであり、警察庁の「研究会」の「最終とりまとめ」に依拠した監視カメラ設置の推進に反対するものであるとしている。その上で、監視カメラは、市民全体のプライバシー権ないし自己情報コントロール権と深刻な衝突を生じるものであるから、議会における慎重な審議を経て、明確かつ具体的な法的根拠が与えられるかが検討されなければならないことは明らかであるとしている。

最近では、その防犯カメラ映像のデータがマスコミに提供されるのが、当たり前のようになっている。指名手配中の元オウム真理教信者逮捕の際には、連日のように民間企業の防犯カメラ映像がテレビ等で公開された。いわゆる「半グレ」集団が六本木のクラブにいる一般人を間違えて襲撃した際、集団で現場に向かう防犯カメラ画像を覚えている読者も多いだろう。これらの映像が容疑者逮捕に役立ったケースも確かに多い。

2013年7月、北海道ではひき逃げ事件の犯人として、コンビニで買い物中の女性の映像がマスコミに提供されて新聞紙上に容疑者として掲載された。女性は記事を見て警察に出頭し逮捕されたが、ひき逃げについては処分保留で釈放される結果となった。

映像データを使った捜査での誤認逮捕も目立つ。警察もマスコミも推定無罪の原則の存在を忘れてはなるまい。

GPS捜査をめぐる相反する2つの判例

2014年版情報通信白書によると、携帯電話の世帯普及率は94・8%（うちスマートフォンは62・6%）、パソコンは81・7%である。市民の日常生活の「デジタル化」に伴って警察の犯罪捜査のやり方も急激に変化することになる。

民主党政権下の2011年5月、差押等の必要があるときには、あらかじめ、警察がインターネット通信のプロバイダ等に対して、電気通信の送信元、送信先、通信日時、通信履歴等を保管するよう求めることができる、とする刑訴法、いわゆる「コンピュータ監視法」が制定されている。2015年6月、総務省は、携帯電話のGPS情報を犯罪捜査に使いやすくするため、「電気通信事業における個人情報保護に関するガイドライン」を改正した。それまでは、「情報の取得を利用者本人に知らせる」という条件付きだったが、この条件が削除された。

市民の行動を監視することになる位置情報を警察に提供することを省庁のガイドライン（告示）で決めること自体がおかしい。GPS情報は、ほぼピンポイントで位置の特定が可能だ。警察がこの情報を取得するためには、裁判官の検証令状が必要とされるが、被疑者の行動を監視するため、有効に利用することは目に見えている。警察の濫用を防ぐためには、情報の保管期間等を明確にして、刑訴法でその手続きを規定するべきだろう。

位置情報については、GPS発信機を犯罪捜査に利用している事実が相次いで発覚している。警察庁は、2006年6月、警察庁刑事局刑事企画課長名（情報分析支援室）の通達「移動追跡装置運用要領の制定について」で、その利用を全国の警察に指示している。通達では、その捜査手法を任意捜査と位置付けたうえで、その利用用件として、

①（7類型の一定の）犯罪の捜査を行うに当たり、犯罪の嫌疑、危険性の高さなどにかんがみ速やかに被疑者を検挙することが求められる場合であって、他の捜査によっては対象の追跡を行うことが困難であるなど捜査上特に必要があること。

② 犯罪を構成するような行為を伴うことなく、次に掲げる物（4項目）のいずれかに取り付けること。

とし、最後に、保秘の徹底を挙げ、次の事項（3項目）に留意するとある。ちなみに、ここに出て来る（3項目）（4項目）というのは、情報公開時に、いずれもマスキングされている。

運用要領によると、警察署等が移動追跡装置を使うときには、あらかじめ、警察本部の捜査主管課長の承認を必要とし、毎日の運用状況を報告させるとしている。警察庁が神経質になっているように、GPS発信機を利用した捜査は、各地ですでに問題になっている。

2014年10月には、愛知県の男性が、GPS端末を愛知県警察に無断で車に設置されて行動を監視され、プライバシーを侵害されたとして、愛知県警察を相手に損害賠償請求訴訟を提起している。

2015年には、大阪地方裁判所が、この問題で相反する判決を出している。1月には、窃盗事件の捜査対象者の車両にGPS端末を取り付けた大阪府警の捜査手法について、「プライバシーの侵害は大きくなく、重大な違法とはいえない。」との判断を示した。一方で、同じ2015年の6月には、窃盗事件の裁判で、警察が裁判所の令状なしで約6ヵ月にわたって捜査対象者の車にGPS端末を取り付けた捜査を大阪地裁は「大きなプライバシー侵害を伴う捜査だった」と違法と判断し、この捜査で得た証拠を不採用とする決定をした。

GPS捜査は、いわば尾行のデジタル化だが、プライバシーを侵害する恐れのある捜査であり、任意捜査の限界を超える恐れのある手法である。警察庁の通達を根拠として行うべき捜査とはいえないだろう。刑訴法などで裁判官の令状を必要とする強制捜査として位置付ける必要がある。

警察の監視はこれだけではない。高速道路等にはNシステム（自動車ナンバー自動読取装置）が眼を光らせている。固定電話（FAX）、携帯電話、メール等の送受信者の情報も簡単に入手できる。さらに戸籍謄本、住民票、預金口座、各種のクレジットカード、交通系のICカード等、国民のあらゆる個人情報を裁判官の差押許可状もなく「捜査関係事項照会書」だけで入手できる。刑事司法の令状主義の形骸化だ。

国民の間に普及しているコンピュータも同じだ。警察はコンピュータ監視法でメールの通信履歴等をプロバイダに一定期間保管を要請し入手することができる。指名手配被疑者の携帯電話の位置情報も入手できる。さらに捜査手法の高度化の名の下に、会話傍受の法制化も目論んでいるとされる。司法取引に関して刑訴法の改正が進んでいることは既に述べたとおりだ。警察権の拡大は止まるところを知らない。

こうした手法が犯罪捜査だけに使われるとは限らない。国家安全保障会議設置法が改正され、特定秘密保護法が成立した現在、こうした監視網は公安警察によって情報収集の手段として使われることになるだろう。国民はこれから逃れる手段を持たない。米国家安全保障局（ＮＳＡ）の元契約職員スノーデン氏が暴露した事実は、そうした危険性を強く示唆している。

違法な個人情報のデータベース

警察は捜査に利用するための様々なデータベースを構築しているが、その中にもグレーゾーンがある。

データベースは、指紋、写真、ＤＮＡ、犯罪手口、犯罪歴、犯罪統計、暴力団資料、行方不明者、運転免許保有者等々だ。このほか、警備・公安警察にも「Ｆファイル」なる視察対象者のデータベースがあるとされるが、詳細は闇の中だ。

現場の警察官は、犯罪捜査だけではなく、職務質問、交通の取り締まりなどの各種業務で、携帯端末から警察庁のデータベースに各種の照会を行っている。

例えば、前科・前歴の有無や指名手配被疑者の照会、ぞう品・盗難車両の照会、運転免許の有無、行政処分歴の照会、家出人・行方不明者の照会、非行歴・暴走族の照会、車両所有者の照会、薬物使用歴の照会、暴力団およびその関係者の照会等、極めて多岐にわたっている。

現場の警察官からの照会に確実に対応するためには、データベースのデータ量は多ければ多いほど効果的だ。

刑訴法218条2項は、令状主義の例外として「身体の拘束を受けている被疑者の指紋若しくは足型を採取し、身長若しくは体重を測定し、又は写真を撮影するには、被疑者を裸にしない限り、第一項の令状によることを要しない。」としている。

この規定を根拠に、指掌紋取扱規則（国家公安委員会規則）により、警察署長等は、逮捕した被疑者から指紋・掌紋を採取し、指紋資料や掌紋資料を作成し、警察庁のデータベースに送付、蓄積している。

問題は、同規則で「警察署長等は、身体の拘束を受けていない被疑者について必要があると認めるときは、その承諾を得て指掌紋記録等を作成する」とされていることだ。

被疑者写真も同じだ。被疑者写真の管理及び運用に関する規則（1990年11月6日国家公安委員会規則）で、警察署長等は、「被疑者写真記録」を作成し、警察庁のデータベースに送ることになっている。

ここでも、「警察署長等は、身体の拘束を受けていない被疑者について必要があると認めるときは、その承諾を得て被疑者写真を撮影し、被疑者写真記録を作成する」となっている。このため、事実上、万引き容疑などで任意で取り調べた被疑者についても、ほぼその全員から指紋、掌紋が採取され、被疑者写真が撮影されている。

この被疑者写真のデータベースと民間企業が設置している防犯（監視）カメラとを結び、映像から人の顔の部分を抽出し、目、耳、鼻などの位置関係やパーツの特徴を瞬時に数値化し、自動的に照合するシステムが開発されていることは前出の通りだ。

このほか、殺人、強盗、放火、誘拐、恐喝、窃盗、詐欺、性的犯罪について、同種事件が発生したときに、その手口を照合することにより被疑者を検挙しようとする犯罪手口データベースがある。

DNA採取に法的根拠はない

最近、特に問題になっているのはDNAのデータベースだ。

DNA型は、犯人の特定、犯行状況の解明等に欠くことのできない客観証拠であることから、警察では、積極的にDNA型鑑定資料を採取するとともに、DNA型鑑定のための体制・資機材の整備等を推進し、DNA採取型データベースの拡充を図り、犯罪捜査に一層効果的に活用することとしている。

DNA型鑑定とは、DNA（デオキシリボ核酸）の個人ごとに異なる部分を比較することで個人を識別する鑑定法である。日本人で最も出現頻度が高いDNA型の組合せの場合でも、約4兆7000億人に1人という確率で個人識別を行うことが可能となっている。

「DNA型鑑定を実施した鑑定資料（注1）の数は年々増加し、殺人事件等の凶悪事件のほか、窃盗事件等の身近な犯罪の解決にも多大な成果を上げている。また、警察では、被疑者DNA型記録（注2）と遺留DNA型記録（注3）をデータベースに登録し、犯人の割り出し、余罪の確認等に活用している。

（注1）犯罪現場等に遺留された血液・血痕、精液・精液斑、精液及び膣液等の混合液・混合斑、唾液斑、毛根鞘の付いた毛髪、皮膚、筋、骨、歯、爪、臓器等の組織片のほか、被疑者又は被害者等から提出を受けた口腔内細胞及び被疑者の身体から採取した血液

（注2）被疑者から採取した資料のDNA型の記録

（注3）犯人が犯罪現場等に遺留したと認められる資料のDNA型の記録」（平成25年版、26年版警察白書から構成）

警察署長等は、現場に遺留された資料や検挙した被疑者の資料を警察庁刑事局犯罪鑑識官が鑑定し遺留DNA型記録（誰のものか判明していないDNA型）と被疑者DNA型記録（被疑者から採取したDNA型など誰のものか分かっているDNA型）を警察庁のデータベースに登録、対照する。

警察庁によると2012年12月末現在、遺留DNA型記録のデータベース3万7587

件、被疑者DNA型記録のデータベース29万7328件の蓄積があるとされている。

DNA型鑑定を実施した鑑定の数は年々増加し、殺人事件等の凶悪事件のほか、窃盗事件等の身近な犯罪の解決にも多大な成果を上げてはいる。写真や指紋等については、刑訴法に法的な根拠があることは説明したが、被疑者、その他関係者からのDNA資料の採取について、こうした法的な根拠はなく、警察の内部規定であるDNA型記録取扱規則（国家公安委員会規則）により、身柄拘束には関係なく、余罪のあることが予想される被疑者等からDNA資料を採取している。

採取の方法は、都道府県警察の通達によると、「口腔内細胞（粘膜）」を任意提出させることになっている。おそらく、趣旨を口頭で説明し、任意提出書を書かせ、領置するということだろう。

特定の事件の裏付けのためにDNA鑑定が必要なときには、裁判官が発付する鑑定処分許可状で被疑者の血液を採取することになるからこれは強制処分だ。

日弁連は、この問題について「警察庁DNA型データベース・システムに関する意見書」（2007年12月21日）を出して、全面的に反対している。意見の趣旨は、「現在警察庁が運用するDNA型情報データベース・システムは、プライバシー権ないし自己情報コントロール権を侵害することがないよう、（国家公安委員会）規則ではなく法律によって、構築・運用されなければならない」としたうえ、法律を制定するに当たっては、DNA型情報が「個人の究極のプライバシー」であることに鑑み、採取、登録対象、保管、利用、抹消、品質保証、監督・救済機関について定めるべきだとしている。

特に、DNA資料の採取については、①具体的な事件捜査の必要性がある場合に限り採取できるものとすべきで、データベースに登録するためにDNA型情報を採取することは許されないものとすること、②被疑者からのDNA型情報の採取は原則として令状によるべきであり、例外的に任意の採取を行う場合は、書面により、採取の意味、利用方法などの説明を十分に行うべきこと、を求めている。

栃木小1女児殺害事件捜査の重大ミス

2005年12月1日、栃木県今市市（現日光市）の小学1年生の女児が下校途中に行方不明となった。家族からの捜索願を受けて栃木県警が捜索したが発見に至らなかった。翌日、自宅から60キロメートル離れた茨城県常陸大宮市の山林で、遺体が発見され茨城県警との合同捜査本部が捜査を開始した。

凶器も女児の着衣や所持品も発見されないまま、合同捜査本部は、犯行に車が使われていたとみて、コンビニ、インターチェンジの料金所の監視カメラの映像をチェック、遺体周辺からは被害者やその家族以外の複数のＤＮＡが検出されたことから、関係者から任意で粘膜を採取し照合するなどの捜査を展開したが、犯人の特定に至らず、翌年には、犯人逮捕に結びつく情報に２００万円の懸賞金がかけられた。未解決に終わるかと思われていた２０１４年1月に別件の商標法違反で逮捕、起訴された男Ａ（33歳）が、事件への関与を認めたことから、事件は急転直下解決へと向かった。

栃木県警には古傷があった。１９９０年5月の栃木県足利市で発生した女児殺害事件（足利事件）で、無実の菅家利和さんを逮捕、２００９年5月の再鑑定により遺留物のＤＮＡ型が菅家さんのものと一致しないことが判明し、その後の再審で菅家さんの無罪が確定した。この事件を含めて足利市内を流れる渡良瀬川周辺で遺体が発見された3件は「足利連続幼女誘拐殺人事件」とされ、いずれも未解決のままである。

捜査本部が、足利事件のＤＮＡの再鑑定をきっかけに、旧今市市の事件のＤＮＡについても再鑑定したところ、２００９年9月になり本件のＤＮＡが栃木県警の元捜査幹部のものであったことが判明した。

この問題について、２０１４年6月10日付の朝日新聞は「初期捜査、幹部が不手際」と大きく伝えている。それによると、逮捕されたＡは、当初から不審者の一人として捜査線上に浮かび、ＤＮＡ型を照合したが合致せず「シロ」に分類、２００６年ころに複数回実施した任意の事情聴取でもAは関与を否定した。また、当時、捜査本部は目撃証言から浮上した白いセダンを追いかけていた。捜査本部は、Aが白いセダン「カリーナED」を所有していたことも把握していた。Aは任意聴取後に車をスクラップ処分した。捜査本部は当初から、遺体遺棄現場に通じる国道の通行記録（Nシステム）で、Aの車が遺棄時間帯の前後に往復していたことも把握していた。さらに、車種を特定できなかった道路沿いの防犯カメラの映像を最新技術で解析したところ、Aの車と一致した。

この事件は、犯罪捜査におけるDNA鑑定資料の取り扱いの杜撰さが大きく捜査方針を誤らせた事例だが、一歩誤れば別人を犯人とする可能性もあった。いかに科学技術が発達しても地道な基礎捜査が大切であるかを物語っている。

科学捜査への過信に対する警告

警察庁は犯罪捜査において、防犯カメラ映像の活用、インターネット利用による公開捜査、DNA鑑定、三次元顔画像識別システム、Nシステム等、科学技術の活用を推進しているとしている。

防犯（監視）カメラ画像の利用についても、警察庁は、サングラスやマスクによって顔が隠されていたり、撮影された顔が不鮮明である場合には、個人識別が困難となる可能性があるとして、身長、体型、歩容（歩幅、姿勢、腕の振り方等の歩行時の身体運動の様子）等の特徴を複合して個人識別を可能とする技術の開発を行っている。

２０１４年３月、再審が決定（検察が即時抗告中）した袴田事件では、第２次請求審で犯人が着ていたとされたシャツに付いた血液のＤＮＡ型が袴田元被告と一致しないとの鑑定結果が出た。これが再審決定に必要な「無罪を言い渡すべき明らかな証拠に該当する」とされた。

１９９０年の足利事件では、ＤＮＡ型鑑定により有罪が確定したが、再審請求の再鑑定でＤＮＡ型不一致との結果が出たことから、２０１０年３月に再審で無罪が確定した。

１９９７年の東電ＯＬ殺人事件では、現場に遺留されていた体毛とトイレの避妊具からは、元被告のＤＮＡが検出された。再審請求審で弁護団が、検察が保存していた被害者の体内から採取した体液の鑑定を要求、検察が初めて鑑定したところ、元被告ではない男のＤＮＡと判明、このＤＮＡは現場に落ちていた体毛からも検出されたことが、再審無罪の決め手となった。この事件もＤＮＡ鑑定への過信によるものである。

２０１４年８月になって、約20年前に女性に暴行をしたとして有罪判決を受け、服役した男性が「ＤＮＡ鑑定をやり直したら、真犯人と別人の可能性があるという結果が出た」と再審請求を申し立てた、というケースもある。

いずれの事件も当時のＤＮＡ鑑定の精度が低かったのが理由の一つだろうが、ＤＮＡ鑑定の結果を過信し、被疑者の供述の吟味、アリバイ捜査の徹底など、旧来から必要とされる基礎捜査が疎かにされていたことが冤罪に繋がっている。

最高裁判所司法研修所は、２０１２年12月26日、ＤＮＡ型鑑定など科学的証拠を刑事裁判で扱う注意点について研究報告書をまとめた。それによると、科学的証拠は客観性を高める効果がある一方、被告と犯人を結びつける決定打にはならないと指摘、「科学万能」という過度の思い込みが公正な評価をゆがめる危険性があり、他の証拠との総合評価が必要とした。報告書では、科学的証拠は自白依存傾向を回避できるとしつつ「状況証拠の一つに過ぎない」と指摘。ＤＮＡ型鑑定については、遺留品の付着状況や関係者の供述など他の証拠と併せて初めて「被告が犯人かどうかを検討できる」と位置づけた（同年12月26日付毎日新聞）。

先の栃木小１女児殺害事件捜査では、捜査幹部が自らのＤＮＡを現場に遺留したという現場鑑識の基本を忘れた重大なミスにより、捜査が誤った方向へ進んでしまった事例だろうが、２０１０年７月には、神奈川県警の科学捜査研究所（科捜研）が警察庁のＤＮＡ型データベースに誤った情報を登録したため、窃盗容疑で無関係の男性の逮捕状を取ったという問題もあった。

最近では、こうしたうっかりミスだけではなく、証拠品のたばこの吸い殻を別のものにすり替える事例があり、警察の証拠品管理のずさんさも指摘されている。

袴田事件の再審決定理由の中で、有罪の最有力証拠とされたシャツなどの衣類について、裁判長は「捜査機関によって捏造された疑いのある証拠によって有罪とされ、死刑の恐怖の下で拘束されてきた」と指摘した。

捜査機関により証拠が捏造《ねつぞう》されれば、被疑者・被告側が、これを覆すことは不可能に近い。犯罪現場等に遺留されたDNAは目に見えないものであり遺留品も微細なものである。現場等との結びつきや鑑定する科捜研の鑑定の経過と結果を常にチェックする必要がある。

監視カメラ映像による誤認逮捕も多い。報道された事件を拾ってみると、多くの都府県警で同じような事件がある。いずれも、必要な基礎捜査を怠った結果である。

2013年2月24日　警視庁少年事件課が、防犯カメラの映像などから路上強盗事件の容疑者として、東京都練馬区に住む中学3年の男子生徒（15歳）をほかの2人とともに逮捕したが、別人と判明、約1時間半後に釈放した（同年2月24日付時事通信）。

同年4月24日　大阪府警北堺警察署が、ガソリンの窃盗容疑で男性会社員（42歳）を逮捕、ガソリンスタンドの防犯カメラの映像などが逮捕、起訴の有力証拠とされたが、男性の弁護人の指摘で、カメラの設定時刻と実際の時刻との間に「ずれ」があったことが発覚した。拘束期間は85日に及んだ（同年7月30日付日本経済新聞）。

同年6月13日　岡山県警津山警察署が、万引きの疑いで男性（70歳代）を防犯カメラの映像をもとに逮捕、男性はその場で「身に覚えがない」と否認、捜索で被害品が見つからなかったことなどから夜に釈放、翌14日に防犯カメラの映像解析で別人と確認された（同年6月14日付時事通信）。

２０１４年２月28日　山口県警長門警察署が、パチンコ店の防犯カメラ映像から女性（41歳）を窃盗容疑で逮捕、女性は勾留されたが否認、８日後に別の男が犯人と判明（同年3月8日付朝日新聞）。

誤認逮捕の原因は、いずれも監視カメラ映像を過信し、目撃者の証言を鵜呑みにしたり、アリバイ捜査を怠ったりと、本来やるべき捜査を怠ったことにある。しかも、これまで説明してきたように、警察の逮捕権の運用に問題があると指摘され、令状請求を警部以上の指定司法警察員が行うことにしたにも拘わらず、未だに、改められないのはなぜなのか。

日常的に発生する事件でこうした基礎捜査を怠っていると、捜査本部事件等の重大事件の捜査でも同じような誤りを犯す。そして、それが冤罪へとつながるのだ。

捜査手法の高度化はどこまで必要か

捜査手法の高度化にしろ、グレーゾーン捜査にしろ、我が国にとって本当に必要なのかという疑問が湧く。

犯罪（刑法犯）は、１９９６年から増加に転じ２００２年にピークとなった。しかし、その後、毎年10万件単位で激減を続け、２０１３年には、ピーク時の半分以下にまで減少した。人口10万人当たりの犯罪率も減少している。法務省の平成26年版犯罪白書によると、我が国の犯罪（刑法犯）の認知件数、発生率は、フランス、ドイツ、英国、米国の４ヵ国と対比して低い。我が国は数字を見る限り「安全な国」なのだ。

無論、犯罪が激減したとしても、ときには、国民の耳目を引くような凶悪事件等の特異な事件も発生する。こうした事件はテレビ等を通じて連日伝えられる。

２００１年９月11日の米国の同時多発テロ事件以降、中東、アフリカ、欧州では英国、フランス等でテロ事件が起きている。２０１５年１月から２月にかけ、ＩＳ（過激派組織「イスラム国」）に拘束された日本人が殺害されたとする画像等がテレビ等を通じて伝えられた。11月には、フランス・パリ市内で１３０人の犠牲者が出た同時多発テロ事件が起きた。こうした特異な事件等のマスコミ報道で、国民の多くが不安感を抱くことになるのは当然である。

政府は、「安全・安心なまちづくり」の全国キャンペーンを展開している。こうした動きには、国際テロ対策が含まれる。特定秘密保護法の制定や監視カメラ網の構築もその一環である。

警察が、我が国は、国際テロ組織から、欧米諸国などと並ぶ国際社会の一員だとして標的にされ、国際テロの脅威は、従来以上に現実のものとなっているとして、我が国に滞在するイスラム教徒を監視下においていたことが明らかになっている。

果たして、我が国で国際テロが起きる可能性はどの程度なのか。いずれにしろ、治安維持のため捜査手法の高度化等が必要であるならば、まずは、その必要性を国民に分かり易く説明するべきだろう。グレーゾーン捜査にしても同じだ。そのうえで、必要な法制化を行うべきだろう。その場合であっても、「日本国憲法の保障する個人の権利及び自由の干渉にわたる等その権限を濫用する」ような法制化は許されないことは当然である。

また、法制化には大前提がある。この10年ほど、警察は組織的な裏金システム、冤罪等の違法捜査、さらには警察官による殺人等の犯罪の頻発という三大腐敗現象に塗《まみ》れている。これらに共通するのは法の執行機関たる警察のコンプライアンスの欠如である。警察は、権限強化に繋がる法改正の前に、失われた国民の信頼を回復しなければならない。

第3章　犯罪捜査と刑事訴訟法

警察官と法律

警察官のよりどころは法律であるが、警察官の法律的素養はどの程度なのか。

警察官に採用されると、全員が各都道府県警察の警察学校初任科に入校して、法学や警察実務を学ぶ。このほか術科として、警察礼式、点検教練、柔道、剣道、逮捕術、けん銃操法、救急法等を学ぶ。ついでだが、初任教育の目的は、警察官として必要な基礎的な知識を身に付けさせることにあるが、隠された目的として、警察組織に必要な一定の枠にはまった警察官を養成すること、そして、警察官として相応《ふさわ》しくない人物を排除することにある。

私が採用されたときには、初任課程は1年間だったが、現在は、4年制大学卒業者は6ヵ月、それ以外の高校卒業者等は10ヵ月となっている。

私が学んだのは、法学では、憲法、警察法、警察官職務執行法、法学概論、行政法、刑法、刑訴法等だった。警察学校で学生を教えるのは、警部補あるいは警部クラスの教官だが、彼らは、特別に法律や警察実務を学んだり研究した経験があるわけではない。教官になる前後に、警察大学の教官養成科（1ヵ月程度）で、主として教授技術について学ぶだけである。授業には警察教科書（公益財団法人警察協会発行、警察庁監修）が使われ、教官は、警察庁によるカリキュラムに従って授業を行う。

警察官は警察学校を終わり実務につくと、忙しさに紛れてか、法律を学び直すことはほとんどない。多くの警察官は昇任試験対策で警察官向けの受験雑誌を読む程度である。

私が昇任試験を担当する北海道警察警務部警務課長だったとき、警部昇任試験の憲法の試験問題の出題と採点を担当したことがある。問題は忘れてしまったが、採点の結果は、100点満点で平均点が20点程度で、そのレベルの低さに愕然としたことがある。職務質問の際などに、警察官に対して法的な根拠などについて説明を求めると、すぐに嫌な表情を見せる。そして、答えられないか答えない。現在の警察官の70％くらいは大学卒業者のようだが、私が警務課長だったころの警察官の法律知識のレベルと、そう変わってはいないだろう。

警察官が実際に現場で仕事をするときに関係してくる法律、規則は、手続き面であれば警察官職務執行法、刑訴法、少年法、犯罪捜査規範等であり、犯罪として適用する法律であれば、刑法をはじめ覚せい剤取締法、銃刀法、道路交通法等の特別法、迷惑防止条例等の都道府県条例である。

こうした実務関係の法律については、警察学校初任科の実務科目で学ぶ。科目としては、犯罪捜査、外勤警察（現在は地域警察）、防犯警察（現在は生活安全警察）、交通警察、警備警察等がある。現在の教科書では、法学以外は「地域警察活動（捜査）」といったタイトルがつけられている。これは、初任科を卒業した警察官は地域課の交番勤務に配置されるからだろう。こうした科目では、法律だけではなく、法律を執行するための細部の規則や通達を学ぶ。

先日、たまたま、現在使われている警察教科書を読む機会があった。記述の中には、私が学んだ教科書の記述とほとんど変わっていない部分やすっかり変わっている部分があった。それは、旧態依然とした警察の姿勢と警察の基本にかかわる姿勢の変化を示すものだった。ここでその一部について簡単に説明しておく。

「警察法」の教科書では、警察消極の原則、警察公共の原則、警察責任の原則、警察比例の原則といった学問上の「警察権の限界」に関する理論は、現実の警察の事務と学問上の警察との差が極めて大きくなっているとして、否定されていた。私が採用されたときには、既に、現行警察法が施行されていた。私たちは、警察法の授業の中でこうした警察権の限界を頭の中にしっかりと叩き込まれた。現在の警察権の限界理論の否定は驚くべきことだった。こうしたことは、警察という概念自体を変えようとする動きの表れではないかと危惧される。

その2つは「地域警察活動（警備）」の教科書の記述だ。共産主義者の目的は、既存の全社会組織を暴力的に転覆すると主張しているとし、日本共産党は、過去に暴力的破壊活動を行い、現在も「敵の出方」論による暴力革命の方針を堅持しているとしていた。こうした記述は私が学んだ時代のそれとほとんど同じだ。果たして、こうした記述を現在の若い警察官がどの程度理解できるのか甚だ疑問だが、私が北海道警察の裏金疑惑を告発したとき、「アカの手先」という誹謗文書が大量に送られてきた。

一方で、教科書は、国際テロの脅威の高まり、外国人犯罪組織の進出等から、スパイ活動の取り締まりなど、外事警察の重要性が強調されている。これは、特定秘密保護法の制定の流れと合致している。

最後に、幹部昇任後の教育期間について触れておく。現在の管区警察学校の巡査部長任用科は30日間、警部補任用科50日間、警察大学の警部任用科4ヵ月間（本課程）、あるいは2週間（短期課程）、特別幹部研修所での警視の研修期間5ヵ月間、短期研修2週間となっている。これは私が昇任した各階級での教育期間に比べて大幅に短縮されている。こうしたことも幹部の資質の低下に繋がっているのではないかと危惧される。

犯罪捜査の基本

警察官が犯罪の捜査を行うに当たって守るべき心構え、捜査の方法、手続きその他捜査に関し必要な事項を定めているのが犯罪捜査規範（国家公安委員会規則）であることは第2章でも説明した。制定されたのは1949（昭和24）年だが、1950年代は、二俣事件、財田川事件、梅田事件等、のちに冤罪とされた事件が数多く発生している。

始まったばかりの警察の犯罪捜査の在り方に対しては批判も多かった。特に逮捕権の濫用については、1953年の刑訴法改正により、逮捕状の請求権者が公安委員会の指定する警部以上の司法警察員に限られることとなった。翌年には警察法も改正され、1957年に現行の「規範」が制定された。刑訴法では、警察官に逮捕権等の強い権限を付与しており、こうした権限の運用を誤ると、冤罪等の取り返すことのできない人権侵害を引き起こす恐れがある。

そのため規範には、捜査の合法性、合理性、妥当性を確保するため、警察官が捜査を行うに当たって守るべき心構え、捜査の方法、手続きなどを明らかにしている。逆に言えば、規範を忠実に遵守していれば、冤罪や誤認逮捕等はあり得ないということになる。

警察の犯罪捜査の基本について説明しておきたい。

（1）法令等の遵守

規範3条には、「捜査を行うに当たつては、警察法、刑事訴訟法その他の法令及び規則を厳守し、個人の自由及び権利を不当に侵害することのないように注意しなければならない。」とある。警察は法の執行機関である。その警察が法令等を遵守するのは当然と言えば当然だが、果たして捜査の現場では法令等を遵守しているのか、大いに疑問だ。

具体的には、任意同行という強制連行、事情聴取という名の任意取り調べ、任意提出という押収、指紋・写真・DNAの採取等、任意を装いながらの事実上の強制捜査が公然と行われ、あるいは、本来なら捜索・差押などの裁判官の令状により行うべき監視カメラ映像をはじめとする個人情報の入手等々、グレーゾーン捜査が公然と行われている。

（2）秘密の保持

規範9条には「捜査を行うに当たつては、秘密を厳守し、捜査の遂行に支障を及ぼさないように注意するとともに、被疑者、被害者その他事件の関係者の名誉を害することのないように注意しなければならない。」とある。しかし、指名手配被疑者の公開捜査、マスコミに対する組織的な捜査情報の意図的なリーク、監視カメラ映像の提供等が無原則に行われている。このため、任意同行される被疑者の映像、監視カメラ映像の公開、逮捕・捜索・差押等の令状執行現場の映像が報道されている。また、警察は、逮捕した被疑者について、警察記者クラブ加盟のマスコミ各社に対して、推定無罪の原則を無視して、実名及び犯罪事実、犯行の認否等の情報を提供している。

（3）組織捜査

刑訴法で認められている捜査上の権限は、司法警察職員に付与されている。従って、個々の警察官が、それぞれの判断と責任で捜査を展開することは刑訴法上可能であるかのように読める。テレビや小説に登場する捜査官は、そうした姿で描かれている。しかし、警察法はその1条で定めているように警察の組織を定める法律であり、犯罪の捜査等の警察の責務もまた組織としての責務である。警察の責務はすべて組織として行われるのだ。

規範で警察の犯罪捜査は組織として行うこととされ、その責任を明らかにするため、捜査指揮権者による捜査指揮制度を定め、警察官は上司の命令を受けて捜査に従事するとしている。警察官の階級は、警視総監、警視監、警視長、警視正、警視、警部、警部補、巡査部長、巡査の9階級だ（警察法62条）。警察官は、上官の指揮監督を受け、警察の事務を執行する（警察法63条）。警察官にとって、上司の命令は絶対だ。

なぜ警察官は犯罪捜査ができるのか

戦前の旧刑訴法の下では、検事が警察官を補助者として使い捜査し、検事が被疑者を起訴し、裁判官が審理した。戦後、旧警察法により、犯罪捜査が警察の責務とされ、警察は、犯罪の予防や国民の保護などの行政警察の顔と、刑事司法の入り口である捜査という司法警察の顔を併せ持つことになった。

旧警察法により、犯罪捜査が警察の責務になったが、警察官の捜査する具体的な権限が必要だ。それを付与したのが、1949年1月1日に施行された現行刑訴法だ。刑訴法は全部で507条の法律で、その第1条には、「この法律は、刑事事件につき、公共の福祉の維持と個人の基本的人権の保障とを全うしつつ、事案の真相を明らかにし、刑罰法令を適正且つ迅速に適用実現することを目的とする。」とある。

犯罪捜査に関しては、刑訴法189条1項（一般司法警察職員）で「警察官は、それぞれ、他の法律又は国家公安委員会若しくは都道府県公安委員会の定めるところにより、司法警察職員として職務を行う。」と、警察官に司法警察職員という犯罪捜査上の身分を付与し、その2項で「司法警察職員は、犯罪があると思料するときは、犯人及び証拠を捜査するものとする。」とした。この189条2項こそが、警察官が捜査を行えることになった法的な根拠である。

刑訴法には「捜査」に関する定義はないが、この189条2項から捜査とは犯人と証拠を探す活動であることが分かる。「犯罪があると思料する」とは、警察官の単なる主観だけではなく、客観的状況から犯罪が存在すると認められることが必要である。また、ここでいう犯罪とは、現に起きている犯罪か過去に起きた犯罪である。刑訴法はそのために、被疑者の出頭要求・取り調べ、逮捕状による逮捕、令状による差押・捜索・検証等、警察官に強い権限を付与した。

これが警察官の犯罪捜査権の法的な側面だが、これをもう少し犯罪捜査の実態面から説明すると、犯罪捜査とは、ある人の過去の（犯罪）行為を証明できる物や記録、人の記憶を探し出すことである。どんな優秀な警察官であっても、遡って過去の事実をその目で確かめることはできない。捜査は、探し出した物や記録、人の記憶をつなぎ合わせた推測にすぎないことを忘れてはならない。

私は、刑訴法189条2項に「司法警察職員は犯罪があると思料するときは」とあるところから、警察の犯罪捜査は過去の犯罪を対象としていると思い込んでいた。ところが、最近、法律学者の中には、将来発生するであろう犯罪も捜査の対象にするべきであるとの主張（事前捜査積極説）があることを知った。この主張は、警察作用を行政作用と司法作用を区分しないとする考え方（行政・司法警察区分不要説）とも裏腹の関係にあるという（200ページ参照）。

警視庁公安部外事第3課が、2014（平成26）年10月、「イスラム国」に戦闘員として加わろうとしたとして、北海道大学の男子学生を「私戦予備及び陰謀」の容疑で取り調べるとともに、関係者先の強制捜査を行った。この事件では北大生の他、北大生をイスラム国に紹介したとして、10月6日、イスラム法学者の中田考元同志社大学教授と、ジャーナリストの常岡浩介さんの自宅も捜索、パソコンなどを押収している。警視庁がこの事件を立件、送致したとはいまだに、聞かない。公安警察は、情報収集を目的とする捜索・差押を常套手段としているが、こうした捜査も、事前捜査積極説と相通じるところがある。

警察が基本的な捜査を確実に行っていれば犯人に到達できる形で発生する事件もあれば、そうではない事件もある。神はご存じでも、警察が解決できない事件もあることを警察は受け入れなければならない。仮に、警察が世の中のあらゆる不正や犯罪行為を100%摘発できるとしたら、それは暗黒の世界だろう。

かつて、日本警察は「世界に冠たる警察」と称して高い検挙率を誇った時代もある。そうした虚構の警察のイメージを維持しようとすれば、人権を無視した違法捜査が横行することは必然だ。国民は決してそんな警察を望んではいない。

警察組織が持っている様々な体質、例えば、治安維持のためなら多少の違法は許される、グレーな手法を操れる警察官が有能だなどと評価する風潮、検挙率の水増しとも受け取れる組織的な誤魔化し、証拠の偽造等による犯人のでっち上げ、いずれもコンプライアンスの欠如につながる。そして、検挙至上主義、誤った使命感といった組織に染みついた体質、こうした体質を払拭しない限り冤罪はなくならない。

原則は任意捜査

平成26年版警察白書の「犯罪情勢と捜査上の課題」の一節に、窃盗犯の余罪検挙減少要因を述べた記述がある。窃盗犯の否認事件が増え、余罪検挙が減少しているとしたうえで、その背景を「一事件における捜査事項が増加していることや捜査を行う刑事部門の警察官が行うべき直接の捜査以外の業務が増加していること等が影響していると考えられる。例えば（中略）通常逮捕状及び緊急逮捕状の発付人員が減少傾向にある一方、差押・捜索（許可）状・検証許可状の発付人員は増加傾向にあり、一事件当たりの携帯電話等に係る照会、通信履歴の差押え等の捜査事項が増加していることがうかがわれる。」としている。

これは何を意味しているか。逮捕による強制捜査が困難となり、捜査員が比較的得やすい差押・捜索といった強制捜査に頼らざるを得なくなった。取り調べの可視化等の影響により取り調べによる自白追及が困難になっているのが現状だ。さらに、任意捜査も携帯電話に関連した捜査関係事項照会を多用している様子もうかがえる。捜査員は、聞き込みなどの活動はそっちのけでデスクのパソコンの前に座り捜査報告書の作成などのデスクワークに専念する「デジタル刑事」、「パソコン刑事」となっているのだ。

この記述にあるように、捜査には、その手法によって「任意捜査」と「強制捜査」がある。刑訴法197条には「捜査については、その目的を達するため必要な取調をすることができる。但し、強制の処分は、この法律に特別の定のある場合でなければ、これをすることができない。」とある。つまり、捜査は任意捜査が原則であり、強制処分、すなわち、強制捜査は特別の定めがあるときに認められるとしている。

強制処分の意義について、最高裁決定（昭和51年3月16日）は、「捜査において強制手段を用いることは、法律の根拠規定がある場合に限り許容されるものである。しかしながら、ここにいう強制手段とは、有形力の行使を伴う手段を意味するものではなく、個人の意思を制圧し、身体、住居、財産等に制約を加えて強制的に捜査目的を実現する行為など、特別の根拠規定がなければ許容することが相当でない手段を意味する」と判示している。

刑訴法は、人に対する強制捜査を逮捕（通常逮捕、緊急逮捕、現行犯逮捕）、身体に対する強制捜査を身体検査、物に対する強制捜査を差押、場所に対する強制捜査を捜索、検証と定めている。2012年中の通常逮捕状の発付対象は9万6371人、緊急逮捕状は9043人、差押・捜索・検証許可状は23万6289人である（平成26年版警察白書）。

「任意捜査」は、相手方の承諾を得て行う捜査だ。刑訴法には任意捜査に関して直接的に定義した条文はないが、規範99条には「捜査は、なるべく任意捜査の方法によつて行わなければならない。」と任意捜査の原則を唱えている。さらに、規範100条（承諾を求める際の注意）には、承諾について以下のようにある。

「任意捜査を行うに当り相手方の承諾を求めるについては、次に掲げる事項に注意しなければならない。一、承諾を強制し、またはその疑を受けるおそれのある態度もしくは方法をとらないこと。二、任意性を疑われることのないように、必要な配意をすること。」

刑訴法197条1項の「必要な取調」が任意捜査の一般的な根拠だとされるが、刑訴法上の任意捜査には、捜査関係事項照会等、出頭要求・取調、領置、第三者の任意出頭・取調・鑑定等の嘱託がある。

規範101条には、「捜査資料を入手するための任意捜査の手段として尾行、密行、張込等を行う」とある。しかし、こうした捜査は対象者の承諾を得ていたのでは、その目的は達成できない。だからといって、何をやっても許されることにはならない。前述した捜査対象者の車に密かにGPS発信機をセットして尾行したという事例などは、グレーな捜査である。移動式の監視カメラも張り込みに使える。こうした捜査対象者の行動を密かに24時間監視する捜査は、やり方によっては任意捜査の限界を超える可能性がある。

警察庁が公表した「平成24年の犯罪」によると、検挙した事件の主たる被疑者特定の端緒別件数は、多い順から被疑者の取り調べ34・8％、職務質問20・7％、参考人の取り調べ4・0％、聞込み1・2％、指紋等の鑑識活動0・9％などとなっている。鑑識活動の中には、DNA型1196件が含まれている。

ここで注目しておかなければならないのは、警察の犯罪捜査では、依然として「被疑者の取り調べ」が大きな比重を占めていることだ。また、最近の犯罪捜査に欠くことのできない監視カメラ画像が端緒となった事件検挙の数字がないことだ。何故、こうしたデータを公表しないのだろうか。確たる理由は不明だが、警察は都合の悪いデータは隠すことが多いから、法的根拠のない監視カメラ映像の利用の数字は公表したくないのではと勘繰りたくなる。

警察の犯罪捜査と聞くと、市民はすぐ逮捕といった、強制捜査を想像するかもしれないが、実態はそうではない。

刑法犯で検挙された人員28万7021人の任意・強制捜査の別を調べるとそのことが分かる。警察庁の「平成24年の犯罪」の罪種別身柄措置別・送致別検挙人員によると、身柄不拘束が71・0％、強制捜査29・0％（現行犯逮捕11・7％、緊急逮捕1・8％、通常逮捕15・5％）となっている。このうち、検察庁へ身柄つきで送致したのは91・9％である。

この数字だけを見ると、警察は任意捜査の原則に則って捜査を進めているようにも見えるが、それは違う。

身柄不拘束事件をみてみると、微罪処分と少年の簡易送致といった犯罪事実が極めて軽微な事件が55・7％もあり、検挙人員全体に対しても39・6％を占めている。こうした事件は、本来、強制捜査の対象にはならないものである。逆に、警察の犯罪捜査の目がこうした軽微な事件の捜査に向けられていることを示唆している。

特別法についても軽犯罪法違反、覚せい剤取締法違反（使用）、廃棄物処理法違反など、軽微な事件の送致が多くなっている実態がある。

こうした罪種の多くは、地域警察官が取り扱う犯罪である。組織の60％を占めるとされる地域警察官が検挙実績のノルマ達成のため、比較的やりやすい事件に検挙活動が指向していることを物語っている。そのことは、また、地域警察官の捜査能力の低下にもつながる。そして、組織全体の捜査能力の低下を招いているのだ。

捜査の責任は誰も負わない!?

「規範」では、警察の組織的機能を最高度に発揮するため捜査は組織として行うこととし、その責任を明らかにするため警察本部長または警察署長を事件指揮の最高責任者とし、実際の捜査は警察本部長や警察署長が指名する捜査主任官に行わせることにしている。捜査主任官は、その指揮を受けながら、捜査方針を決め、捜査員を動かし、その報告を受けるなどの捜査を進めていく。その経過は、捜査の各段階で「事件指揮簿」に記録される。通常、捜査主任官は、警察署の刑事課長（警部又は警視）が自動的に指名される。捜査本部を設置した事件については、その都道府県警察によって異なるが、主管課の警視又は警部の階級にある警察官が指名される。

各都道府県公安委員会の「司法警察員等の指定に関する規則」により、刑訴法上の司法警察職員の身分も司法巡査と司法警察員に区分される。巡査及び巡査長の階級の警察官は司法巡査、巡査部長以上の階級の警察官等は司法警察員とされている。

刑訴法上、司法警察員にだけに認められる権限のいくつかを列挙する。

「通常逮捕状の請求権限」「通常逮捕、現行犯逮捕・準現行犯逮捕された被疑者の受取り」「被疑者逮捕時の犯罪事実の要旨・弁護人選任の告知、弁解録取、釈放・送致の決定」「捜索・差押・検証令状の請求」「告訴・告発、自首事件の受理・調書作成」「検察官への事件送致」などである。

司法巡査に比べて司法警察員には、司法巡査から逮捕した被疑者を受けとり（引致）、弁解を録取し、留置するかどうかを判断する権限があるほか、変死体を検視する、告訴・告発を受理する、事件を検察官に送致するなど、司法巡査にはない権限が付与されている。逮捕状や捜索・差押、検証許可状を裁判官に請求できるのは、警部以上の階級にある警察官で公安委員会の指定を受けた司法警察員だ。通信傍受令状は、警視以上の司法警察員が指定される。通常、警察から検察官への事件送致は、警視クラスの司法警察員が行っている。

これが、組織捜査を動かす階級制度のあらましだが、階級制度には上意下達は容易だが、下意上達は難しいという弱点を持つ。捜査の途中で方針を変更するべき事実が明らかになっても、正しく上層部に伝えられず、伝えられても受け入れられないことがある。有名な志布志事件でも、捜査方針に疑問を持った捜査員がそれを指摘したところ、捜査から外されたという事実も明らかになっている。

しかも、多くの冤罪事件で、それを指揮した警察本部長や警察署長が相応な責任を追及されたという例は聞いたことがない。

志布志事件でも、警察本部長は警察庁長官の厳重注意、当時の刑事部長、参事官兼捜査第2課長、志布志署長（定年退職）はお構いなし、当時の捜査第2課特捜班長（警部）と志布志警察署生活安全刑事課長は口頭注意という懲戒処分にも至らない軽いものだった。

捜査第2課特捜班係長（警部補）が、ただ1人、懲戒処分の減給3ヵ月10分の1の処分を受けただけだった。鹿児島県警は、警部らの処分が懲戒処分ではなく、極めて軽い注意処分だったことについて、「判決等を検討した結果、重大な法令違反や規律違反があったとは認識していない」と釈明した。

多くの冤罪事件がそうであるように、冤罪が確定するまで、気の遠くなるような歳月を要している。冤罪が確定したときにはその事件を指揮した警察本部長や刑事部長らの幹部が在職することはない。

捜査を指揮する警察本部長の在任期間は長くても2年、警察本部の各部長も警察署長も同じだ。理屈では、こうした捜査の最終責任を負うべき幹部が人事異動で交替したとしても、後任者に引き継がれるから、組織としては責任ある捜査が続くことになるといいたいのだろうが、実態はそうではない。責任者が交替すれば捜査は事実上終わる。そうして違法捜査の責任はヤミの中に葬られる。

袴田事件のように冤罪が決まるまでに半世紀近い歳月を要したときには、その捜査の責任はいったい誰が負うというのか。事件が未解決になっても、誤認逮捕などの失敗があっても、捜査を指揮した幹部は栄転していく。結局は警察の組織捜査は無責任捜査ということになる。

第4章　グレーゾーン捜査の存在

任意同行という名の強制連行

相手の承諾を得て行う任意捜査については前章で説明した。その中でも捜査の現場で頻繁に行われているのが、任意同行である。多くの場合には、捜査本部事件などの重要事件の捜査で使われる。容疑適格者が浮かんだが、逮捕状を請求するだけの疎明資料がつかめない、捜査側の動きも次第に相手方に察知されている状況もある、マスコミも察知しているようだ——、こうした状況のもとで、容疑適格者を連れてきて、取調室で叩いて自白させる目的、いわゆる「叩き割り捜査」の前段階の手法として行われるのが任意同行である。多くの冤罪事件は任意同行から始まっている。

旧来から強制と任意の間には「強制にわたらない実力行使」の段階があり、説得のための有形力行使（中間的な実力的説得）が任意処分として許される場合があるとされている。

1976（昭和51）年3月16日、最高裁は次のような判断をしている。

「（強制の）程度に至らない有形力の行使は、任意捜査においても許容される場合があるといわなければならない。ただ、強制手段にあたらない有形力の行使であっても、何らかの法益を侵害し又は侵害するおそれがあるのであるから、状況のいかんを問わず常に許容されるものと解するのは相当でなく、必要性、緊急性などをも考慮したうえ、具体的状況のもとで相当と認められる限度において許容されるものと解すべきである。」

つまり、任意捜査であっても、有形力の行使が認められ、それが強制手段に当たるかどうかは、警察官が必要性、緊急性などを具体的状況の下で判断するべきだとしている。

この有形力には、物理的な有形力だけではなく、警察という権力機関による心理的な無形の圧力が含まれると考えるべきだ。警察の要求に従わなければ、何らかの不利益を被るのではないか、あるいは、報復されるのではないかといった思いで、警察の求めに応じることもありうるからだ。

物理的な有形力は目で見ることができるが、危険なのはこの心理的な有形力の行使あるいは利用だ。筆者はこれを含めてグレーゾーン捜査と呼んでいる。

冤罪事件で、最も問題になるグレーゾーン捜査は違法な被疑者の取り調べだ。これについて述べる前に、まず、取り調べに至る過程での警察官によるグレーゾーン捜査について説明する。

冤罪事件を含む、多くの事件は任意同行から始まる。たとえば、ある日の早朝、突然、数人の警察官に「ちょっと聞きたいことがあるから署まで来てくれ」と告げられる。

会社員であれば会社に出勤しなくてはならない。どんな人にもその日のスケジュールがあるだろう。しかし、そんなことは一切無視され半ば強制的に車に乗せられて警察署へ連れて行かれる。警察署の行先は「取調室」だ。ここで長時間にわたる過酷な取り調べが始まる。「任意同行」とは、取り調べを目的に警察官が被疑者を警察施設まで連行することだ。

マスコミではよく「任意同行」とか「任意の事情聴取」という言葉を使う。しかし、こうした用語は、実は、捜査手続きを定める刑訴法にも、規範にもない。

警察への出頭に関する法的な定めは、刑訴法198条に次のように書かれている。

「司法警察職員は、犯罪の捜査をするについて必要があるときは、被疑者の出頭を求め、これを取り調べることができる。但し、被疑者は、逮捕又は勾留されている場合を除いては、出頭を拒み、又は出頭後、何時でも退去することができる。」

問題は、「出頭を拒み、又は出頭後、何時でも退去することができる。」というのが、実際には可能かということである。過去の実例からすれば、それはほぼ不可能だ。

規範102条には、「捜査のため、被疑者その他の関係者に対して任意出頭を求めるには、電話、呼出状の送付その他適当な方法により、出頭すべき日時、場所、用件その他必要な事項を呼出人に確実に伝達しなければならない。」とある。

このように、任意出頭を求める手続きは、あらかじめ電話、呼出状で行うのが原則である。「任意同行」というのは、あえて言うなら、「その他適当な方法」の中の手法ということになろう。つまり、「任意同行」とは、あらかじめ連絡しないで、警察官がいきなり被疑者宅を訪れ出頭を求めることである。

殺人事件等の重要事件の捜査では、被疑者が逃走したり証拠隠滅をする蓋然性が高いので、罪名だけで逮捕の必要性があると判断する。従って、こうした事件の捜査では、被疑者の逮捕状を請求したうえで、同行を求め、拒否されればその場で逮捕状を執行するというのが本来のやり方である。

任意同行の目的は、後で説明するが逮捕と同じように取り調べである。警察が「任意同行」という手段を取るには理由がある。捜査中の相手の犯罪について、捜査を進めたが裁判官に逮捕状を請求するために必要な「相当な理由」を疎明するだけの結果が得られない。しかし、いくら極秘裏に捜査を進めても、何らかの形で相手方も警察の動きを察知する。ときには、マスコミが察知し特ダネ報道される恐れも出てくる。

そのため、取り調べで自白させ、あるいは、否認しても、アリバイなどの供述から、逮捕状を請求できる事実を得る必要がある。これを「叩き割り捜査」というのだが、あらかじめ出頭を求めたのでは逃走されたり、証拠を隠滅される。

よって、警察官は、突然に訪れ、強引に室内に上がり込み、被疑者を監視しながら、同行を説得、承諾した被疑者の逃走を防ぐため2人以上の警察官が、前後、左右をさりげなく挟み込み警察車両に乗せる。これが任意同行だ。

警察官は、一般的に任意同行を求めるとき、任意であり拒否できることを告げたり、承諾を求めることはない。相手方の無知に乗じて事実上は強制的に連行するのが普通だ。

重要事件の捜査などでよく見られるのは、被疑者に任意同行を求めると同時に、自宅等の捜索・差押を行うというやり方だ。捜索・差押は裁判官の許可状を得て行う強制捜査だ。大勢の警察官が朝早くから自宅に押しかけ、家探しを始めれば誰でも動揺する。こうしたなかで、毅然として出頭を拒否することは至難だろう。

被告人12人全員が無罪になった志布志事件では、鹿児島県警は、多い人で23回もの任意同行を求め取り調べている。10回以上の人は9人、3回以上の人も多い。しかも、長時間にわたる取り調べが行われている。

筆者は、任意出頭を求めて取り調べるのは、多くて1〜2回、1回の取り調べはどんなに長くても8時間以内だと考えている。これを超えると違法性が疑われる。これだけ繰り返された任意同行や取り調べは、任意の限界を遥かに超えている。それでも、国賠訴訟の判決は、こうした任意同行について、「社会通念からみて身体の束縛や強い心理的圧迫による自由の拘束があった」とはいえないとして、違法性を否定している。

２０１４（平成26）年1月から4月にかけて、札幌市内で起きた連続ガスボンベ爆破事件では、被疑者とされた女性は、午前中から捜索・差押という強制捜査が行われる中で任意出頭を求められたが、女性は拒否、警察官に説得され夕方になって警察署まで同行され、夜遅くまで取り調べを受けている。女性が自宅の捜索に心理的圧迫を感じたことは間違いないだろう。この任意同行は明らかに強制連行だ。北海道警は4月30日に女性を激発物破裂容疑で逮捕、女性は容疑を否認したが、２０１６年2月から裁判員裁判が始まる。女性は起訴事実を否認している。

事情聴取という名の取り調べ

前節のようにして、被疑者が「任意同行」に応じると、取り調べが始まることになる。前述の刑訴法１９８条では2項以下、取り調べの手続きに関して、こう定めている。

「前項の取調に際しては、被疑者に対し、あらかじめ、自己の意思に反して供述をする必要がない旨を告げなければならない。」「被疑者の供述は、これを調書に録取することができる。」「前項の調書は、これを被疑者に閲覧させ、又は読み聞かせて、誤がないかどうかを問い、被疑者が増減変更の申立をしたときは、その供述を調書に記載しなければならない。」「被疑者が、調書に誤のないことを申し立てたときは、これに署名押印することを求めることができる。但し、これを拒絶した場合は、この限りでない。」

被疑者以外の目撃者等、参考人の取り調べについては、刑訴法223条「司法警察職員は、犯罪の捜査をするについて必要があるときは、被疑者以外の者の出頭を求め、これを取り調べ、又はこれに鑑定、通訳若しくは翻訳を嘱託することができる。」が根拠だ。

参考人の取り調べには、あらかじめ供述拒否権を告げる必要はないが、それ以外は、被疑者の取り調べの規定が準用されるから、参考人も、出頭を拒み、又は出頭後、何時でも退去できるなどの権利が保障されている。

実は、刑訴法にも規範にも「取り調べ」の定義はない。マスコミはよく、「容疑者から事情聴取した」などと表現するし、警察も「取り調べ」を「事情聴取」ということがある。しかし、お断りしておくが、刑訴法上、「事情聴取」という手続きはない。

その事例を紹介する。

2009年12月10日、東京都内に住む大学職員の原田信助さん（当時25歳）は、JR新宿駅ですれ違った女性等のグループから痴漢の疑いをかけられ、駅構内でトラブルとなった。警察官に警視庁新宿警察署西口交番に同行され、さらに、新宿警察署に同行を求められ、痴漢容疑で長時間取り調べを受けた。原田さんは否認のまま釈放されたが、その足で地下鉄早稲田駅で鉄道に飛び込み亡くなった（JR新宿駅痴漢冤罪事件）。

原田さんは、交番からの一部始終をICレコーダーで録音していた。取り調べは、新宿警察署の取調室で0時41分から、途中呼気検査を挟んで、午前2時17分までだった。

取調官は原田さんに対して、冒頭「こちらでいま、貴方はですね、痴漢の被疑者ということで」と告げ、痴漢行為の有無について、繰り返し執拗に追及している。それに対して、原田さんは、自分はあくまでも暴行の被害者である旨を主張、痴漢行為については終始一貫否認した。新宿警察署は、翌年の1月29日、原田さんを痴漢被疑者として書類送検、東京地検は、被疑者死亡で不起訴処分とした。この事件について、原田さんの母親が東京都（警視庁）を相手取って国家賠償請求訴訟を提訴、現在係争中だ。

原告は、原田さんに対する痴漢容疑は冤罪であり、新宿警察署の警察官の取り調べなどは違法であると主張、これに対して、被告警視庁はその準備書面で「本件当日から翌11日にかけて行われた新宿署員らの亡信助及び被害女性らに対する事情聴取は（警職法の）職務質問であり、刑訴法上の取り調べには当たらず、供述拒否権を告知しなかったことに違法はない。」という趣旨の主張をしている。

警職法や刑訴法の説明の中に、法律用語でもない「事情聴取」なる用語を持ち出すこと自体が、違法な取り調べを糊塗するための詭弁だが、取り調べに当たっては、供述拒否権の告知が必要であり、規範でも、「被疑者の取調べを行うに当たつては、あらかじめ、自己の意思に反して供述する必要がない旨を告げなければならない。」とある。しかし、録音にはそうした告知があったとする記録はない。原田さんの供述調書が作成された形跡もない。

また、関係した新宿署の警察官の「取扱状況報告書」は司法警察職員の立場で書かれているうえ、本件送致書（平成22年1月29日）の犯罪の情状等に関する意見には、「当初の警察官の取り調べにおいても犯行を否認し」と取り調べであったことが明記されている。

取調官は否認している被疑者に対しては、あらかじめ供述拒否権を告げないのが普通だ。「言いたくないなら言わなくてもいい。」と告げながら、被疑者に「本当のことを話せ」と追及するのは矛盾しているからだ。供述拒否権は自白して供述調書を作成するときに告げられる。だから、供述拒否権を告げない取り調べは「事情聴取」でなければならない。

捜査関係事項照会・個人情報の収集

警察の犯罪捜査におけるグレーゾーンは、まだまだある。

被疑者の携帯電話の通話記録や、銀行口座の中身、あるいは民間からの防犯カメラ映像の入手などについては、いずれも個人のプライバシーに関わる重要な個人情報であるから、本人が知った場合には捜査に利用されることを拒否する蓋然性が高い。であるならば、裁判官の捜索・差押許可状により差し押さえるのが、刑訴法の令状主義の建前から当然である。

「捜査のため必要があるので、下記事項につき至急回答願いたく、刑事訴訟法第197条第2項によって照会します。」

これが「捜査関係事項照会書」なるA4判の文書の頭書きだ。左上欄外には「様式48号（刑訴第197条）」とあり、照会者は警察署長、宛先は○○殿となっている。

刑訴法197条2項には、「捜査については、公務所又は公私の団体に照会して必要な事項の報告を求めることができる。」とある。

警察は、この「捜査関係事項照会書」なる文書を使って、捜査のため必要という理由だけで、国民のあらゆる個人情報を本人の知らないうちに入手することができる。入手の対象は、コンビニの防犯カメラ映像、携帯電話の加入状況・通信記録、銀行口座、クレジットカードの利用状況、戸籍謄本、学校の成績など、国民のプライバシーに関わるあらゆる個人情報だ。

平成20年版警察白書によると、「犯罪の組織化・複雑化等により、捜査すべき関係先が増加している。ある都道府県警察の本部において振り込め詐欺（恐喝）等の捜査を担当している課における捜査関係事項照会の照会書発出件数（概数）は2万9900件で、大幅な増加傾向にある。これは、捜査において、犯行に供用された携帯電話や預貯金口座の契約者照会等の実施件数が増加していることや、個人情報の保護の要請から従来は口頭で協力を得られていたものについても文書による照会を求められることが多いことを示していると考えられる。」とされている。これが全国の件数ということになれば莫大な件数になることは明らかだ。

個人情報保護法23条で「個人情報取扱事業者」は、原則として本人の同意がなければ個人情報を第三者に提供してはならないと定めている。

だが、一般的には、警察や検察等の捜査機関からの照会（刑訴法197条2項）は、「法令に基づく場合」に該当するとされ、捜査機関に回答する際に本人の同意を得る必要はなく、照会を受けた事業者等は回答すべき義務があるものと解されており、回答をすべきであるとされている。

この点について、総務省は、「電気通信事業における個人情報保護に関するガイドラインの解説」で、次のように説明している。

捜査関係事項照会等の「法令に基づく場合」であっても、「電気通信事業者には通信の秘密を保護すべき義務もあることから、通信の秘密に属する事項（通信内容にとどまらず、通信当事者の住所・氏名、発受信場所及び通信年月日等通信の構成要素並びに通信回数等通信の存在の事実の有無を含む。）について提供することは原則として適当ではない。」

しかし、２０１１年7月に施行された刑訴法１９７条3項（コンピュータ監視法）には、司法警察員は、プロバイダ等に対して「その業務上記録している電気通信の送信元、送信先、通信日時その他の通信履歴の電磁的記録のうち必要なものを特定し、30日を超えない期間を定めて、これを消去しないよう、書面で求めることができる。」とあり、さらに、その5項には「第2項又は第3項の規定による求めを行う場合において、必要があるときは、みだりにこれらに関する事項を漏らさないよう求めることができる。」とある。

これにより、警察はインターネット利用者に気付かれることなく、プロバイダにメール履歴等を保管させ、差押するか、場合によっては「捜査関係事項照会書」による提供もあり得るのだ。

警察庁は「捜査関係事項照会書に適正な運用について」（１９９９年12月7日付通達）で、「本照会は、公務所等に報告義務を負わせるものであることから、当該公務所等は報告することが国の重大な利益を害する場合を除いては、当該照会に対する回答を拒否できないものと解される。また、同項に基づく報告については、国家公務員法等の守秘義務規定には抵触しないと解されている。」としている。

しかし、この解釈には大いに疑問がある。

そもそも、捜査関係事項照会書にある「捜査のため必要」とは何をさすのか、照会書には犯罪事実も、その必要性も明らかにされない。あまりにも漠然としており、かつ、抽象的だ。しかも、この照会が捜査以外の単なる情報収集に使われたり、個人的な目的に使われた事例も数多くある。

2010年7月16日、秋田県警秋田臨港署地域課の男性警部補が、自分の妻から「ストーカーまがいのメールが送信された」と相談を受け、偽りの「捜査関係事項照会書」計4通を作成して携帯電話会社に送り、メール送信者の住所と氏名を入手するなどしたことが発覚した（2010年7月16日付毎日新聞）。

2013年11月27日、警視庁渋谷警察署の組織犯罪対策課に所属する警部補が、2012年12月から翌年3月までの間、元交際相手と交際中の男性について、警察署長名で「捜査関係事項照会書」を作り、自治体や携帯電話会社に送って勤務先や住所などの個人情報を調べた（2013年11月27日付NHK）。

捜査機関からの捜査関係事項照会を受けた場合、行政機関や民間企業には、住民・顧客等のプライバシーに配慮した慎重な対応が求められているはずだ。回答することが不法行為（違法行為）となるケースもあり、回答を拒否したとしても、法律上の罰則や制裁は存在しないにも拘わらず、行政機関や民間企業は安易に照会に応じているのが実情だ。なぜ、このようなことが行われるのか。その答えは簡単だ。顧客にクレームをつけられるより、警察ににらまれるのが怖いからだ。

常日ごろ、民間企業は大小を問わず何らかの形で警察のお世話になっている。銀行等の金融機関なら顧客とのトラブル、強盗や振り込め詐欺などの被害防止対策、病院なら事件・事故の救急患者の治療や医療費の支払いをめぐるトラブル、土建業なら暴力団対策、学校ならいじめ、少年非行問題対策、コンビニなら万引き、強盗対策、交通機関なら交通事故やスリ、置き引き対策など、数え上げたらきりがない。そして、こうした企業は必ずといっていいほど警察ＯＢの天下り先になっている。

加えて、暴力団、国際テロリズムなどの反社会的勢力を許すなという世論の大合唱に呼応して、２００８年３月には、「犯罪による収益の移転防止に関する法律」（犯罪収益移転防止法）が全面施行され、２０１１年10月には、市民を巻き込んだ形の「暴力団排除条例」の全国施行が完了した。犯罪収益移転防止法では、金融機関、ファイナンスやクレジット事業者、不動産、宝石・貴金属取扱業者等、司法書士、税理士、弁護士等は、疑わしい取引の届け出、顧客等の本人確認・取引記録等の保存が義務付けられた（司法書士等は疑わしい取引の届け出義務の対象外、弁護士については日本弁護士連合会の会則が定める）。

これでは、警察からの「捜査関係事項照会」を拒否できる企業があるはずもない。刑訴法の令状主義は完全に形骸化したも同然だ。

令状主義と任意の捜索の禁止

令状主義については説明したが、捜索等に関する裁判官が発する令状には、捜索・差押・検証許可状、身体検査令状、鑑定処分許可状等がある。

捜索とは、証拠物、没収するべき物、被疑者等を発見する目的で、場所、身体、物について強制力を用いて探すこと。差押とは、証拠物、没収するべき物の占有を強制的に取得することである。

なお、遺留品や任意に提出された物を占有する手続きは領置と呼ばれ、差押と合わせて押収という。

刑訴法は「司法警察職員は、犯罪の捜査をするについて必要があるときは、裁判官の発する令状により差押え、記録命令付差押え、捜索又は検証をすることができる。身体の検査は、身体検査令状によらなければならない。」（刑訴法218条1項）としている。

規範は、たとえ、住居主等の承諾が得られても任意の捜索を禁止している（108条）。また、規範は、「女子の任意の身体検査は、行ってはならない。ただし、裸にしないときはこの限りでない。」（107条）としているが、これを反面解釈すると、男性の任意の身体検査は許されることになり、女子を裸にしない身体検査の限界とはなにかも曖昧だ。令状主義の観点からすれば、男女ともに、任意の身体検査は禁止されていると解するべきだろう。

令状の請求は、逮捕状と違い刑訴法上は警部補以下の司法警察員でも可能だが、やむを得ない場合を除いて、規範では逮捕状と同じ、公安委員会の指定を受けた警部以上の階級にある警察官に限定している（137条1項）。

刑訴法218条1項は、令状請求について「犯罪の捜査をするについて必要があるとき」となっているが、捜査のために必要というだけではなく、強制処分としての捜索・差押を行う必要があることを意味している。

司法警察員が令状を請求するときには、裁判官に被疑者が罪を犯したと思料されるべき資料を提供しなければならない（刑訴規則156条1項）。この疎明は、逮捕状の場合の「被疑者が罪を犯したことを疑うに足りる相当な理由」よりは低くてもよいと解されている。

捜索・差押許可状の請求に当たっては、その必要性のほか、被疑者、罪名、捜索許可状なら捜索すべき場所、身体又は物、差押許可状なら差し押さえるべき物、検証許可状なら検証すべき場所又は物、身体検査令状なら検査すべき身体等を関係者の供述調書や捜査報告書で疎明する必要がある。

ただ、許可状等は請求の段階では、被疑者が特定されていないことも多いので、その場合には、請求書に「被疑者不詳」と書くことになる。

捜索・差押の濫用事例

先に説明したように、警察が請求する許可状等もほとんどフリーパス状態で発付される。これまで述べたように、捜索、差押許可状等（ガサ状）の請求の要件は逮捕状の場合と比較して緩やかだ。逮捕状を請求するだけの資料はないがガサ状なら何とかなるとばかり、警察の現場では、ガサ状を得てそれを執行して現場から証拠を発見して逮捕するというやり方が横行することになる。

例えば、覚せい剤事件の捜査において、警察官自らが、情報提供者に成り済まし、警察署に「ある人物の自宅に覚せい剤がある」旨を電話し、その記録を作成したり、あるいは、虚偽の参考人供述調書を作成し、それを使って捜索・差押令状を請求する。捜索で覚せい剤が発見できれば、その場で、被疑者を現行犯逮捕する。捜索・差押令状の請求に使った記録は廃棄する。

覚せい剤事件だけではない。北海道警察が関係した例だけだが、以下のような事例もある。これが全国となると相当な数になるだろう。

・強引な供述調書の作成

札幌市豊平区の男性（当時46歳）が、深川市の市営住宅で２０１１年12月15日に起きた窃盗事件の容疑者として、深川署に自宅を家宅捜索された。同署は市営住宅の防犯カメラの画像を男性の父親に見せ、強引に息子だとする供述調書を作成、それをもとに捜索差押許可状を請求したもので、男性は「捜査員の強要で違法な捜索令状が取得され、家宅捜索などで精神的苦痛を受けた」として２０１２年7月に国賠訴訟を提起した。

・無関係の女性宅を捜索、令状請求で誤り

２０１２年12月、北海道警察函館方面本部捜査課は、覚せい剤取締法違反事件で事件とは無関係の女性宅を誤って捜索した。女性が「身に覚えがない」と話し証拠品が見つからなかったことから終了後に関係書類を調べたところ、捜査対象者とは、同姓同名の上、生まれた年も同じだったことが判明した。

・小樽市の女性殺害事件の異常な捜索・差押

北海道小樽市の女性殺害事件では、被疑者とされた女性の自宅や経営していた会社に対する捜索・差押は、任意同行の当日の２０１１年9月16日に始まり、２０１４年1月31日に札幌地検が女性の不起訴（嫌疑不十分）を発表するまでの間に6回にわたり行われ、押収された品物は、車2台、携帯電話2台、包丁等の刃物類、預金通帳、パソコン、書類、履物等1292点に及んだ。女性が処分保留で釈放された後の11月1日にも車の積載物とみられる現金等15点が押収されている。この事件では、捜査本部の捜索・差押許可状の請求が2回にわたって裁判官に却下されたことが明らかになっている。これは捜査本部の許可状の請求がいかに杜撰なものだったかを物語っているが、女性を殺人で逮捕したものの、否認されたうえ、犯行を裏付ける凶器や被害者の血痕等が付着した衣類等を発見できなかった捜査本部がなりふり構わぬ捜索・差押を繰り返したものだ。

押収された品物がすべて返還されたのは2014年3月3日のことだ。しかも、これだけ大量の品物を警察の都合で押収しながら、返還するときには受け取りに来るよう指示したという。女性は、返還された品物もそのままでは使用不能の状態で、刃物類は柄や鞘まで分解され、バッグ類には指紋検出に使ったとみられるアルミ粉末が付着したままだった。携帯電話は解約せざるを得なくなり通話不能になった。車の一部には破損した跡があった、と主張している。

「任意」を超えた職務質問

警察官が、職務を遂行するために必要な手段を定めた法律が警察官職務執行法（以下

「警職法」）である。警職法は、警察官の行政上の権限を定めたものであり、犯罪捜査の権限を定めたものではない。同法の第2条で、「職務質問」（以下「職質」）のほか、同行、凶器検査について規定している。「質問」に付随して、交番等への同行要求、所持品検査が行われることから、捜査上の権限のように誤解されることがあるが、職質は、犯罪捜査の端緒であっても、あくまでも行政上の任意手段である。ところが、どこまでが行政的な職務執行であり、どこからが犯罪捜査なのか判然としないケースがある。

職質の対象は、警察官が、異常な挙動、その他周囲の事情から合理的に判断して、「何らかの犯罪を犯し、若しくは犯そうとしていると疑うに足りる相当な理由のある者（犯罪容疑者）」「既に行われた犯罪について、若しくは犯罪が行われようとしていることについて知っていると認められる者（犯罪の目撃者等の参考人）」である。

異常な挙動とは、例えば、言語動作とか着衣、所持品が不自然だとかを指すのだろうが、その他周囲の事情……というのは、例示なのかも知れないが、あまりにも抽象的である。ここに、警察官が職質の対象を拡大解釈する余地が生まれている。

警職法は施行以来67年を経過し社会環境は一変している。例えば、犯罪者が車で移動していたとして、車が蛇行したり猛スピードで走行している状況があれば職質の要件である異常な挙動と認定できるかも知れないが、通常に走行する車を異常な挙動と認定することはできない。警職法の職質の要件はすっかり時代遅れになっているのだ。基本的な条文は施行以来一度も改正されないまま、現在に至っている。

「平成24年の犯罪」(警察庁)によると、職質を端緒として犯罪(刑法犯)を検挙した件数は8万8535件で、全体の20・7%に当たる。この職質による検挙のうち、地域警察官によるものとみられるのは、6万0357件、68・1%を占めている。地域警察官のほとんどが、交番・駐在所、あるいは自動車警ら隊、鉄道警察隊に勤務している。

彼らにとって、職質は犯罪検挙の端緒を得る強力な武器であると同時に、不審者の発見、質問に応じない不審者に対する説得、強制にわたらない範囲での実力の行使、所持品検査の方法など、合法・非合法の判断が極めて難しいとされる。

警視庁をはじめ、多くの道府県警察では、地域警察官に対して、管理目標、努力目標と称して、年間の職質による検挙実績の目標、いわゆる「ノルマ」を課し、地域警察官を対象に職務質問競技会を開いたり、職質による犯罪検挙強化月間を実施し、職質による犯罪検挙は表彰の対象にするなど、職質奨励策を講じている。そのため、地域警察官による職質の要件を欠いた職質や任意の限界を超えた職質が横行することになる。

警察の現場では、幹部が交番の警察官らに対して、職質を積極的に行うように指示しているが、職質の要件を厳格に守るようにとの指導はしていない。とにかく、何でもいいから〝声掛け〟をやれという指示だ。相手の無知に乗じて、所持品の検査を行い、些細な法令違反を見つけて検挙するという事例が多い。

交番のお巡りさんなどの地域警察官にとって、一番手っ取り早い職質の相手は自転車に乗った少年だ。夜間の無灯火なら格好の職質対象だ。乗っている自転車に盗難届が出されている可能性がある。うまくいけば、職質による自転車盗か占有離脱物横領の検挙実績になる。「平成24年の犯罪」（警察庁）によると、自転車盗の検挙件数1万6980件のうち1万3100件（77・1％）が職務質問によるもので、そのうち86・3％が地域警察官によるものだ。

職質の要件を具備している不審者等に対して、警察官は、「停止させて質問すること」ができる。そして、その場で質問することが本人に対して不利であるなどの理由があれば付近の警察署等まで同行を求められる。これらはあくまでも任意手段だが、逃げようとした相手の手首を摑む、車両を停止させ、エンジンキーを取り上げる程度の実力の行使は許容されるとする判例もある。

警察官に路上で職質を受けたとき、警察官は当然のことのように「ポケットの中の物を見せてくれ」とか「バッグをあけて見せてくれ」と求められることがある。法的な知識に疎い一般の市民は、何も悪いことをしていないのに、警察官にはそんな権限があるのかなど不審に思いながらも所持品検査に応じてしまう。

職質は任意手段であるから、所持品検査もあくまで任意手段である。従って、相手方の承諾による提示、開示でなければならない。承諾のない所持品検査は違法だが、承諾がなくても着衣や携帯品の外側から手を触れる程度の行為は容認される。施錠されていないバッグのチャックを開けて一瞥する程度の所持品検査は適法とする判例がある。

一方、被疑者の上着の内ポケットに手を入れて行う所持品検査、自動車を停止させ、車内を細かく検査する行為、被疑者が逃げたので取り押さえ靴下の中にある覚せい剤を取り出した行為は、任意の限度を超えているとして違法とされた。

警察学校初任科の教科書（警察法）には、「個別の法律の根拠がなくても任意活動は行うことができるので、警職法の職質の要件がない場合であっても、相手方の承諾を得て所持品を検査することは法的に認められ得る。」とする記述がある。「任意活動」という意味不明の言葉が登場するが、権力を持った警察官の任意活動とは何か明確にするべきだろう。

自動車検問は適法なのか

警察官が一定の場所で通行者一般を対象に質問を実施することは、一般的には検問といわれているが、警察実務として分類するならば、次の3類型が考えられる。

①交通検問　交通安全運動期間中に、飲酒運転等の交通違反の予防・検挙を主たる目的とする検問で、無差別に通行車両を停止させて行われている。

②警戒検問　国際会議等の際に行われる大規模警備の際に、空港周辺などで一般犯罪の予防・警戒・検挙を主たる目的とする検問で、全ての車両を停止させ、車のトランクを開けさせたり、車の底部を金属探知機で検査することも行われている。

③緊急配備検問　特定の犯罪の捜査を目的として、あらかじめ決められた交通の要所で通過する車両をチェックする。最近では、犯行に車が使われることから、警察官の配置が間に合わないなどの理由から、Nシステムがこれに代わって行っているようだ。

道路交通法に、車両等の運転者が無免許運転、酒気帯び運転、過労運転などの禁止に違反して車両を運転していると認められるときには、警察官は、その車両を停止させ、かつ、その運転者に対して運転免許証の提示を求めることができるとある（道交法67条）。

現在の犯罪情勢や道路事情からすると検問においては、車が対象になり、車を停止させることが不可欠の前提となる。ところが自動車検問について直接定めた明文の法律はない。しかし、警察官の権限行使である以上は、何らかの法的根拠が必要である。そこで、その根拠をどこに求めるかが問題になる。

交通検問については、最高裁の昭和55年9月22日第三小法廷決定がある。

この決定は、警察法2条1項が「交通の取締」を警察の責務として定めていることに照らすと、交通の安全及び交通秩序の維持などに必要な警察の諸活動は、強制力を伴わない任意手段による限り、適法なものと解すべきであるとしている。

警戒検問の適法性についても説が分かれる。

自動車検問を職質の特殊な形態として位置づけ、警職法を厳格に解し、自動車検問は実質において職質の要件を欠いており、現行法上は不適法なものであるとする説がある。一方、警職法は、警察官に職質の要件の存否を確認するため、車の利用者に対して停車を求める権限をも与えたものと解するのが妥当であるとする反対説もある。しかし、これは明らかに警職法の拡張解釈だろう。緊急配備検問は、重要事件等の発生の際に初動捜査活動として行われる。この検問は、特定の犯罪の発生が前提となっているから、手配の車や人物に酷似している車や人物に対する職質から刑訴法上の捜査手続きに移行することはありうることだ。

いずれにしろ、自動車検問の法的な根拠は極めて曖昧である。

警察学校初任科の教科書（警察法）によれば、自動車検問は任意活動であって個々の法的な根拠は必要でないと断じ、警察の責務達成に必要であり、目的達成のため必要最小限であるなどの条件下では許されるとしている。そのうえで、一斉自動車検問に応じない車両については、不審車両として警職法2条1項の職質の要件を満たすことになり、職質としての停止を求めることができるとしている。こうした考えに立つなら、自動車検問の警察官の停止を振りきって逃走したときには、公務執行妨害の現行犯で逮捕される可能性もある。

警察官は、特別の明文の規定がなくても、警察法2条1項を根拠として、任意手段を行使することができるなら、本来組織法にすぎない警察法の目的規定が、自動車検問における具体的権限の根拠となることになり、大いに疑問である。職質の要件といい、所持品検査、自動車検問といい、現行の警職法が時代の変化に対応していないことは明らかだ。現場の警察官の職務執行に支障を及ぼさないような警職法の改正が急務だろう。

第5章　自白偏重捜査と取り調べの実態

逮捕の目的は取り調べ

逮捕とは、捜査機関（現行犯の場合は一般市民でもできる）が、罪を犯したと疑われる人物の逃亡や証拠隠滅を防止するため強制的に身柄を一定の場所に拘束することをいう。身柄の拘束は、最も強い人権侵害行為であるところから、憲法第33条は「何人も、現行犯として逮捕される場合を除いては、権限を有する司法官憲が発し、且つ理由となっている犯罪を明示する令状によらなければ、逮捕されない。」としている。司法官憲とは裁判官のことだ。これを令状主義という。現行犯の場合は、現に犯行中であったり、犯行後間がないため、逮捕状の必要はない。

逮捕の目的は何か。その点、刑訴法は明らかにしていないが、198条（被疑者の出頭要求・取調）の但し書きに「被疑者は、逮捕又は勾留されている場合を除いては、出頭を拒み、又は出頭後、何時でも退去することができる」とある。逮捕が取り調べを目的としていることは当然だ。ちなみに、警察学校の教科書「地域警察活動（捜査）」の第6章は「逮捕及び取調べ」となっており、逮捕と取り調べが一体であることを示している。

警察官が被疑者を逮捕するためには、現行犯逮捕を除いて、裁判官に逮捕の理由と必要性を疎明して逮捕状の発付を受ける必要がある。

逮捕には、通常逮捕（刑訴法199条）、緊急逮捕（同210条）、現行犯逮捕（212・213条）がある。警察が刑法犯（交通業過を除く）で1年間に逮捕した内訳は、通常逮捕4万4354人（53・2％）、現行犯逮捕3万3707人（40・4％）、緊急逮捕5295人（6・

4％）である（警察庁「平成24年の犯罪」）。

逮捕状は、警部以上の階級にある指定司法警察員が、捜査の結果、被疑者が罪を犯したことを疑うに足る「相当な理由」と逮捕の必要性を疎明して、裁判官から発付を受けた許可状である。

「相当な理由」とは何か。刑訴法や規範には明確な説明はない。緊急逮捕の要件は「充分な理由」が必要だ。実務上「充分な理由」は通常逮捕の「相当な理由」よりも嫌疑の程度が高い場合とされるが、これも具体的な基準はない。結局は、その事件の具体的な内容などで判断するしかないことになる。しかし、少なくとも人を長期間にわたってその自由を拘束する以上、後から裁判で無罪だったでは済まされない。ましてや、裁判官に逮捕状の請求を却下されたり、検察官に「嫌疑なし」とか「嫌疑不十分」で不起訴処分とされることは、許されないことだ。

少なくとも、筆者が在職中は、捜査幹部として、逮捕状や捜索・差押許可状の請求を却下されることは絶対にあってはならないことだったし、恥ずかしいことだと考えていた。

「相当な理由」の疎明方法は、その事件によって異なるが、例えば、窃盗事件の場合には、被害届、被害者や目撃者の参考人供述調書、盗品の領置調書、被疑者のアリバイや稼働状況等の報告書、被疑者の前科等に関する資料を逮捕状請求書に添付する。任意取り調べの段階の被疑者の始末書や自白調書を添付することもある。これらを繋ぎ合わせて、捜査報告書で推測も交えながら被疑者の犯人性を説明する。

これらの疎明資料で裁判官に「クロ」の印象を持ってもらう必要がある。従って、捜査中に「シロ」あるいは「グレー」の結果を得ていたとしても、それは疎明資料としては使わない。捜査報告書は当然のことながら「クロ」一色となる。

警察は何故そこまでして逮捕状を欲しがるのだろうか。そこには「逮捕すれば何とかなる」という「叩き割り捜査」の発想がある。逮捕して長期間身柄を拘束して自白させ、自白から新たな客観的な証拠、つまり「秘密の暴露」を得るためだ。「秘密の暴露」さえ得られれば、多少の違法捜査も許されると警察内部では理解されているのだ。

多くの冤罪事件、嫌疑なしや嫌疑不十分の不起訴事件、さらに警察が誤認逮捕した事件の存在は、警察官の逮捕状請求時における「相当な理由」の疎明に問題があり、逮捕状を発付した裁判官は、結果的にであっても「相当な理由」の審査を誤ったからに他ならない。

逮捕状は許可状であり、命令状ではないから、逮捕状が発付されてもそれを執行するかどうかは警察官の判断次第ということだが、任意同行、あるいは自ら釈明のため警察署に出頭すれば、99・9％逮捕状は執行される。逮捕状の有効期間は通常は7日間だが、被疑者が所在不明の場合には指名手配が行われ、逮捕するまで逮捕状は更新される。

逮捕に続いて行われるのが勾留（身柄を一定の場所に拘束すること）である。勾留には起訴前の勾留と起訴後の勾留がある。司法警察員は、被疑者を逮捕したときには、釈放しない限り48時間以内に書類及び証拠物とともに、身柄を検察官に送致しなければならない。送致を受けた検察官は留置の必要がないと判断した場合、あるいは直ちに起訴した場合を除いて、24時間以内に裁判官に被疑者の勾留を請求しなければならない。

このように、勾留請求は検察官の権限だが、司法警察員は送致の際に必ずといっていいほど、勾留が必要である理由及び勾留の場所を警察の留置施設とする旨を求める報告書を送致書に添付する。

検察官は、警察官が被疑者の場合、あるいは、被疑者が警察の不正を暴こうとしているなど特殊な事情があるケースを除いて、警察の意向を汲んで裁判官に勾留場所を警察の留置施設とするように請求する。

勾留に当たっては、裁判官の勾留質問がある。被疑者の勾留の要件は、犯罪の嫌疑（被疑者が罪を犯したことを疑うに足りる相当な理由）があること、勾留の理由（罪証隠滅のおそれなど）があること、勾留の必要性があることである。

裁判官は勾留の要件があると判断すると勾留状を発付する。勾留の期間は、勾留請求の日から10日間である。裁判官は、やむを得ない事由があると認めるときは、検察官の請求により、10日間を限度に勾留期間を延長することができる。「やむを得ない事由」とは、事件の複雑困難、証拠収集の遅延又は困難等により、勾留期間を延長して更に捜査をするのでなければ起訴又は不起訴の決定をすることが困難な場合をいう。

勾留中の被疑者について、起訴がされたときは、起訴の日から、何らの手続きを経ることなく、当然に被告人の勾留（2ヵ月）が開始する。

人質司法の始まりである。

今でも続く自白偏重捜査

我が国の刑事司法は〝自白偏重の人質司法〟と揶揄《やゆ》されている。

その自白偏重の刑事司法とは何か。刑事司法の入り口にある警察の自白偏重ぶりを見てみよう（左ページの刑事司法フローチャートを参照）。

平成25年度の司法統計によると、地方裁判所、簡易裁判所の判決等があった裁判の被告6万0338人のうち88・5％が自白した被告人で、否認した被告はわずか9・9％となっている。我が国の刑事司法では圧倒的に自白事件が多く、自白は「証拠の王」とも呼ばれ、裁判にも決定的な影響を与える重要な証拠であることが分かる。

そうなれば、刑事司法の入り口にある警察としては何としても被疑者を自白に追い込ま

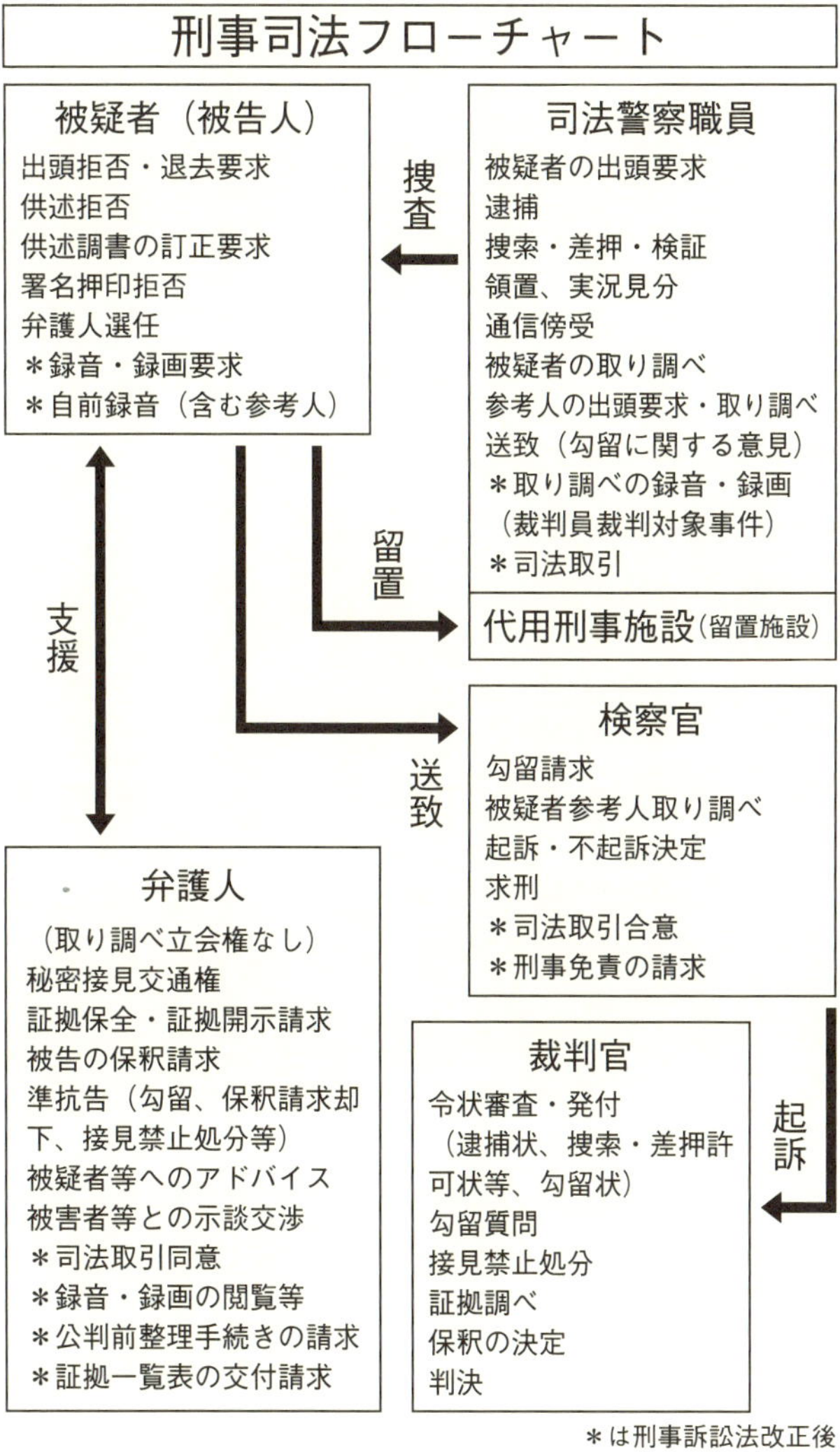
刑事司法フローチャート
被疑者（被告人）
出頭拒否・退去要求
供述拒否
供述調書の訂正要求
署名押印拒否
弁護人選任
＊録音・録画要求
＊自前録音（含む参考人）
捜査
司法警察職員
被疑者の出頭要求
逮捕
捜索・差押・検証
領置、実況見分
通信傍受
被疑者の取り調べ
参考人の出頭要求・取り調べ
送致（勾留に関する意見）
＊取り調べの録音・録画
（裁判員裁判対象事件）
＊司法取引
留置
代用刑事施設（留置施設）
支援
送致
検察官
勾留請求
被疑者参考人取り調べ
起訴・不起訴決定
求刑
＊司法取引合意
＊刑事免責の請求
弁護人
（取り調べ立会権なし）
秘密接見交通権
証拠保全・証拠開示請求
被告の保釈請求
準抗告（勾留、保釈請求却下、接見禁止処分等）
被疑者等へのアドバイス
被害者等との示談交渉
＊司法取引同意
＊録音・録画の閲覧等
＊公判前整理手続きの請求
＊証拠一覧表の交付請求
起訴
裁判官
令状審査・発付
（逮捕状、捜索・差押許可状等、勾留状）
勾留質問
接見禁止処分
証拠調べ
保釈の決定
判決

＊は刑事訴訟法改正後

なくてはならない。被疑者を逮捕し、警察の留置施設に長期間身柄を収容して連日取り調べをしながら自白を取れないとなれば、取調官は無能との評価を受ける。捜査本部を設置した重要事件では、取調官にかかる重圧は想像を絶する。これが苛烈な取り調べの背景にある。

警察から事件の送致を受けた検察官は起訴するかどうかを判断するため被疑者を取り調べるが、直ちに取り調べに取り掛かるわけではない。まずは、警察官の取り調べの結果待ちだ。元々、検察官は否認している被疑者の取り調べはしない。通常は、警察官が作成した自白調書を見ながら被疑者を取り調べる。

重要事件の着手前の検察官との事前協議で、検察官から被疑者の自白が起訴の条件だと言われたことは私の経験でも度々あった。そうなれば、警察の取調官は必死だ。勾留満期近くになって、自白がなければ公判が維持できないから起訴できませんと言われるからだ。

前出の小樽市内のマンションでアパート経営者の女性（当時81歳）が殺害された事件。被害者と知り合いの不動産会社経営の女性Aさん（当時62歳）を殺人容疑で逮捕したものの、Aさんは逮捕されてから一貫して否認、犯行に用いた凶器等も捜査本部は発見できなかった。札幌地検は、2011年10月7日、Aさんを処分保留で釈放、嫌疑不十分で不起訴にした。

取り調べの最大の目的は被疑者を自白に追い込むことにある。

2013年8月、長崎市に住む長崎県立高校3年の男子生徒（当時17歳）が、長崎県警諫早警察署の警察官から職務質問され、諫早警察署で自転車窃盗の疑いで取り調べを受けたあと、島原市内の山中で自殺しているのが発見された。高校生の母親は、息子が自殺したのは「自白を強要するなど県警の違法な取り調べを苦にしたものだ」として翌年、国賠訴訟を長崎地裁に起こした。弁護団によると、携帯電話に遺書が残され、署員から「（自転車を）とったんでしょ」と自白を強要され「頭、大丈夫?」などの侮辱を受けたと記していた。また「本当のことを話さないと友達に迷惑がかかる」などと脅されたという（2014年7月16日付毎日新聞）。

高校生に対する職務質問が適法だったのか、取り調べが適切であったのかなど、これからの審理の結果を待たなければならないが、事件の大小にかかわらず、依然として、被疑者を自白させることを最大の目的とする自白偏重の取り調べが繰り広げられていることが分かる。

強引な取り調べにより無実の市民が自白に追い込まれ、多くの冤罪事件を生み出し、ときには自殺者まで生み出してきたのが警察の取り調べの実態であることも事実だ。

「自白」とは、被告人（被疑者）が、自己の犯罪事実の全部又はその主要な部分を認める供述をいう。被疑者（被告人）本人が「私がやりました」と自白すれば、警察官は自信を持って事件を送致し、検察官は躊躇なく起訴し、裁判官も安心して判決文を書ける。

自白への偏重が、冤罪の温床になったことへの反省から、憲法や刑訴法は、自白に証拠としての価値を認めるに当たっては幾つかの要件を求め、自白の証拠能力を制限することで、警察、検察、そして、裁判所の自白偏重に歯止めをかけている。

憲法には、「何人も、自己に不利益な供述を強要されない。」「強制、拷問若しくは脅迫による自白又は不当に長く抑留若しくは拘禁された後の自白は、これを証拠とすることができない。」「何人も、自己に不利益な唯一の証拠が本人の自白である場合には、有罪とされ、又は刑罰を科せられない。」とある。

刑訴法でも、任意性のない自白を排除すべきものとしており、自白が唯一の証拠であるときは補強証拠が必要としている。自白には、こうした法的な抑制があるが、それでも任意性のない自白や虚偽の自白が生まれる。そして、その自白が事実認定に使われ（証拠能力）、証拠の価値（証明力）があるとされ、有罪判決が言い渡される。

こうした自白は、最初は警察の取り調べから生まれる。その自白が最終的には裁判で証拠となる。では、警察官の取り調べとはどんなものなのか。

被疑者と取調官

刑訴法には「取り調べ」に関する定義がなく、法的な根拠は198条の「被疑者の出頭要求・取調」にある。ただし事件の目撃者や参考人など被疑者以外の第三者への取り調べも含めて、警察の事件検挙に大きな役割を果たしていることは繰り返してきた。

警察学校初任科で使われている教科書「地域警察活動（捜査）」には、「取り調べ」について「警察官が、事件の真相を明らかにするために、被疑者、被害者、その他の関係者について、任意にその供述を聞きとることである。」とあるが、被疑者の取り調べの最大の目的が「自白させること」にあるとは書いていない。

現在の日本の刑訴法においては、検察官と被告人は対等の当事者であるが、対等とはいえ、被告人の多くは法的知識も能力もない。これを補う意味で弁護人を選任することが認められている。しかし、警察に逮捕・勾留され警察の留置施設に拘束されている被疑者と取調官とは、決して対等ではなく、圧倒的に取調官が有利だ。

被疑者は接見禁止になり外部との交通を遮断され、家族とは面会できない。面会できるのは弁護人に選任された弁護士だけだ。その弁護士との接見時間は短く、弁護人は依頼人の取り調べに立ち会うこともできない。

取り調べは留置施設から手錠、腰縄というまるで猿回しの猿のような姿で狭い取調室に連行されることから始まる。取調室の窓には鉄格子が入っている。室内には机が2つ、椅子は3脚、壁には鏡（マジックミラー）があるだけ。密室そのものだ。通常は、机を挟んで取調官と被疑者が座り、やや離れて、立ち会いの警察官が座る。

取調官は被疑者を敬称つきでは呼ばない。どんなに社会的な地位が高くても敬称はつけず、呼び捨てが鉄則だ。取調官は、被疑者が否認している間は、供述調書を作成しない。

規範（166条以下）には、警察官が取り調べに当たって守るべき心構えについて詳しく述べている。これが遵守されているなら、違法な取り調べやそれによる虚偽自白などが起きるわけもないだろうという部分を紹介する。

「取調べに当たつては、予断を排し、被疑者その他関係者の供述、弁解等の内容のみにとらわれることなく、あくまで真実の発見を目標として行わなければならない。」

「取調べに当たつては、冷静を保ち、感情にはしることなく、被疑者の利益となるべき事情をも明らかにするように努めなければならない。」

「取調べを行うに当たつては、強制、拷問、脅迫その他供述の任意性について疑念をいだかれるような方法を用いてはならない。」

「取調べを行うに当たつては、自己が期待し、又は希望する供述を相手方に示唆する等の方法により、みだりに供述を誘導し、供述の代償として利益を供与すべきことを約束し、その他供述の真実性を失わせるおそれのある方法を用いてはならない。」

「取調べは、やむを得ない理由がある場合のほか、深夜に又は長時間にわたり行うことを避けなければならない。」

「被疑者の取調べを行うに当たつては、あらかじめ、自己の意思に反して供述する必要がない旨を告げなければならない。告知は、取調べが相当期間中断した後再びこれを開始する場合又は取調べ警察官が交代した場合には、改めて行わなければならない。」

もちろん、刑訴法が大幅に改正され、録音・録画が実施されることになれば、それに関連する犯罪捜査規範の条文も改正されていくことになる。

取り調べという捜査手法は、被疑者に供述拒否権を告げながら、一方で被疑者から不利な事実、自白を得ようとする、いわば二律背反的な手法だ。前出の教科書には、否認する被疑者について、「取調は取調官と被疑者の人間と人間のふれ合いであり、取調官の取り調べ態度、取り調べ技術、方法が否認の原因になる場合がある」と教えている。

規範の取調官が守るべき心構えや教科書が説く取り調べが実践されていれば、被疑者が虚偽の自白に追い込まれることもない。

取り調べの実態

警察の取調室ではどんな取り調べが行われているのか。以下の「被疑者取り調べ技術の向上方策」は、2006年3月、愛媛県警捜査1課の警部のパソコンから流出したものとされるが、前出の規範からはかなり逸脱した警察官の取り調べの手法もある。

1　事前の把握を徹底する　犯行現場の状況を自分の目で確認し、十分腹入れしておくこと。捜査記録は納得いくまでよく目を通す。問題点や疑問点があれば必ず解明する。

2　被疑者を知る　被疑者を知れば知るほど調べ官は有利である。他の調べ官とはちょっと違うということを、被疑者に暗黙の内に判らせることも大事である。

3　被疑者取り調べには気迫が必要　調べ官の「絶対に落とす」という、自信と執念に満ちた気迫が必要である。

4　被疑者から目を離すな　取り調べは被疑者の目を見て調べよ。絶対に目を逸らすな。相手をのんでかかれ、のまれたら負けである。

5　被疑者の心を読む（読心術を身につける）　被疑者の心を早く読めれば勝負は早い。

6　一度調べに入ったら自供させるまで出るな　被疑者の言うことが正しいのでないかという疑問を持ったり、調べが行き詰まると逃げたくなるが、その時に調べ室から出たら負けである。

7　粘りと執念を持つ　否認被疑者は朝から晩まで調べ室に出して調べよ（被疑者を弱らせる）。そのためには、調べ官は強靭な気力、体力が必要である。

8　補助官との意志の疎通　調べ官と補助官との間には阿吽《あうん》の呼吸が必要、タイミングがよいとその一言で落ちることがある。補助官には、気を許して気軽に話す場合がある。

9　親身になって相手の話を聞いてやり、家族、身内には同情することも必要である

10　調べ官も裸になれ　調べ官は優位に立つことは絶対必要であるが、時には、裸になった話をすることにより、同じ人間であることとの共感を持たせる。

11　言葉に気をつける　被疑者を馬鹿にしたり見下すような言葉は絶対に謹むこと、ある意味では馬鹿になることも必要。

12　被疑者には挨拶・声をかける　留置場内で検房時等必ず被疑者に声をかけ挨拶する。

13　騙したり、取引は絶対にするな　後で必ずバレル。そのことが判れば取り返しのつかないことになる。

14　被疑者は、できる限り（留置場から）調べ室に出せ　自供しないからと言って、留置場から出さなかったらよけい喋らなくなる。どんな被疑者でも話をしている内に読めてくる。被疑者も打ち解けてくる。

逮捕、勾留中の処遇は、それまでの社会的な地位やプライドをズタズタにする。接見禁止処分になった被疑者は、弁護人以外との接見はできない。電話をかけたり手紙を出すこともできない。次第に孤独感に悩まされるようになる。そうした心理状態になったときに、取調官がこうささやく。「しゃべれば、すぐにも出られる」「家族が泣きながら待っているぞ」。こうして、被疑者は自白へと追い込まれていくのだ。

取調官の取り調べの技術や方法は、見よう見まねの精神論が多く、心理学や犯罪心理学に関する研究や指導に基づく取調官の育成を警察は怠ってきた。

ここにきて警察庁は、取り調べの全面可視化を求める世論を受けとめたのか、時代に対応した改善を図るため、心理学的知見を取り入れて取り調べ技術を体系的に整理した教本や教育方法を開発するなどしているが、遅きに失したというところだ。警察の現場の取調官がこれまでの取り調べに関する考え方を変革するためには相当な時間を要するだろう。

監督対象行為にみる実態

筆者は、取調官には、犯罪心理学等の知識を専門的に習得させたうえ、何らかの形で取調官資格制度を導入するべきだと考えている。

だが、警察庁は以下のような管理部門の幹部による取調官の取り調べを監視するという制度を導入している。「被疑者取調べ適正化のための監督に関する規則」（平成20年4月3日国家公安委員会規則4号）だ。

これは、警察官が被疑者の取り調べに際し、被疑者に対して行ってはならない行為（監督対象行為）を定めて、こうした行為を内部で監視しようとする制度だ。制度の実効性自体に疑問があるが、この規則は、警察庁がこうした行為が警察官の取り調べで、長年にわたり、日常茶飯事的に行われ、これからも行われる可能性があることを公式に認めたことになる。

その行為とは以下のようなものだ。

イ　やむを得ない場合を除き、身体に接触すること。

ロ　直接又は間接に有形力を行使すること（イに掲げるものを除く。）。

ハ　殊更に不安を覚えさせ、又は困惑させるような言動をすること。

ニ　一定の姿勢又は動作をとるよう不当に要求すること。

ホ　便宜を供与し、又は供与することを申し出、若しくは約束すること。

ヘ　人の尊厳を著しく害するような言動をすること。

このほか、深夜や1日8時間以上の取り調べは、警視総監か警察本部長か警察署長の事前の承認を受けないときは、これを監督対象行為とみなすとしている。

この制度は、こうした監督対象行為が第一線の取り調べの現場で行われていないかどうかを警察本部の管理部門等の取調監督官（警視クラス）が監視しようとするものだ。警察官の取り調べを警察官が監視するという異様な制度だ。問題は、こうした制度を現場の取調官がどう受け止めるかだ。これまで「手段、方法は問わず、とにかく自白だ。それができる取調官が有能な取調官だ」と評価し、そうした取調官を育ててきたのが警察なのだ。現場の取調官から言わせれば、何を今さらという思いだろう。

警察庁によると、取調監督官等が被疑者取り調べ状況を視認した回数は、２００９年１６４万８８７４回、２０１０年２５１万１１９８回、２０１１年２８６万８３８１回となっている。このうち、監督対象行為が認められ、捜査主任官に対して被疑者取り調べの中止等の措置を求めた件数は、それぞれの年で7件、5件、5件であった（２０１３年3月「被疑者取調べの適正化のための監督の適切な実施」国家公安委員会・警察庁）。

北海道警では、重要事件で被疑者が否認する事件が目立つ。

２０００年3月、恵庭市の市道で女性会社員（当時24歳）が殺害され焼死体で見つかった事件で、被疑者として逮捕された女性は、終始犯行を否認したが間接事実を証拠に懲役16年の判決が確定した。２０１４年、札幌地方裁判所は再審請求を棄却した（恵庭ＯＬ殺人事件）。女性は、任意での取り調べを受けた際、強圧的な取り調べが続き、帰宅しようとしたところ物理的に阻止されたと弁護士に提出した陳述書で述べている。

2011年7月の小樽女性殺害事件は前出の通り。被疑者とされた女性は長時間にわたる取り調べや偽計を用いた取り調べが行われたと取材記者に述べている。また、勾留理由開示の法廷では弁護人から任意の取り調べの様子を聞かれて「大きな声で1時間くらい続いて、最後はファイルを机にたたきつけられた」と述べている。

2014年4月30日、札幌市内在住の無職の女性（当時51歳）を北区で連続発生したガスボンベ爆発事件のうち、4月3日の道警官舎爆破の事実（激発物破裂罪）で逮捕した。現在、逮捕・勾留中だが、女性はいずれの事件も否認している。

こうした取り調べは「監督対象行為」だったのか、北海道警は明らかにしていない。

供述調書は取調官の作文

警察官は、自分の作成した捜査書類が裁判でどのように使われるかには、実はほとんど無頓着である。ときには、捜査書類への虚偽記入や偽造といった犯罪行為を平気で犯す。

警察庁が毎年発表する警察職員の「懲戒処分等の状況」を見ても、公文書偽造・毀棄、証拠隠滅等の犯罪行為が目立ち、全国で2012年は60人、2013年は47人が処分されている。そのことが供述調書の作成についても現れている。

供述調書とは、司法警察職員の面前における供述を録取した書面である。一定の厳格な要件（絶対的特信情況）の下で証拠として刑事裁判に提出されることもある重要な公文書である。刑訴法上に明記されている供述調書作成の手順を改めて確認しておこう。

警察官が、被疑者の取り調べを行う時には、「あらかじめ、自己の意思に反して供述をする必要がない旨を告げなければならない。」そして、「被疑者の供述は、これを調書に録取することができる。」さらに、「調書は、これを被疑者に閲覧させ、又は読み聞かせて、誤がないかどうかを問い、被疑者が増減変更の申立をしたときは、その供述を調書に記載しなければならない。」最後に、「被疑者が、調書に誤のないことを申し立てたときは、これに署名押印することを求めることができる。但し、これを拒絶した場合は、この限りでない。」

被疑者が容疑を否認しているときに、多くの取調官はどうするのか。それはこれまで説明した実態が物語っているが、否認している被疑者の供述調書を作成する意味がないから作成しない。否認している被疑者の取り調べは、あらかじめ供述拒否権を告知しないままに行われることが多い。供述調書は、自白した被疑者について作成され、供述拒否権はその時に、初めて告知されるのが通例だ。

供述調書の形式は以下の通りだ。注目すべきは、その冒頭に次のような文言があらかじめ印刷されているから、実際に供述拒否権が告知されても、されなくても、取調官が作成した供述調書に署名押印すると、供述拒否権を告げられて任意で供述したことになる。

供　述　調　書

本籍　＊＊＊＊＊
住居　＊＊＊＊＊
職業　＊＊＊（勤務先＊＊＊）（電話　＊＊＊＊＊＊）
　氏名　○○　○○（ふりがな＊＊　＊＊）
　　年月日生（＊＊歳）

上記のものに対する＊＊被疑事件につき、平成＊年＊月＊日　警視庁○○警察署において、本職はあらかじめ被疑者に対し、自己の意思に反して供述をする必要がない旨を告げて取り調べたところ、任意次のとおり供述した。

以下、供述内容が書かれ、供述調書の末尾には以下のように記載される。

以上の通り録取して読み聞か（閲覧さ）せたところ誤りのないことを申し立て署名指印した。

○○　○○（署名）拇印

多くの読者は、警察官が作成する供述調書は自らの発言がその通り、一字一句正確に書かれていると勘違いしている。実際には、警察官が事件をまとめるのに必要なポイントを質問して、それに対しての被疑者や参考人の答えを聞きながら、警察官が自分の主観も交えつつ要約した文章にしたものが供述調書なのだ。

目撃者の参考人の写真面割調書では、参考人が何回も取り調べを受けているうちに、こんな感じの人↓似ているような気がする↓似ている↓この人に間違いない、などと供述が警察にとって都合の良い方へ変遷することはよくあることだ。

2014年7月8日、最高裁判所で逆転無罪判決が確定した「舞鶴女子高校生殺害事件」の決定は、目撃証言について「取り調べを重ねるにつれ、被告の特徴と矛盾する部分が消え、被告の特徴と一致するように変遷した」と指摘している。

供述の内容を読み聞かされた時に、供述者としてはちょっと違うなと思い、訂正を申し入れても、取調官から、「意味は同じことでしょう」などと言いくるめられて署名押印をしてしまうこともある。最近の取調官は、署名押印を求める前に、パソコンを持って捜査主任官などの上司の決裁を受けに行くことがあると聞く。上司からこの部分が足りないなどと指摘されると、供述人が供述していない内容を付け加えてしまうこともあるという。

被疑者の供述調書には、被疑者自身に調書の毎葉欄外に指（押）印又は署名を求めて、調書の末尾に署名及び指（押）印したことをもって完結する。無論、署名押印を拒否することもできるし、取調官はこれを強制することはできない。

警察官が作成した被疑者の署名若しくは押印がある自白調書で、その供述が任意になされたものは、裁判で証拠となる。警察の捜査段階で、被疑者が自白して供述調書に署名押印したが、裁判が始まって前言を翻して否認した場合どうなるか。

裁判所は、その供述が任意にされたものであるかどうかを調査することになっている。そのため、警察官が証人として出頭して、被告人が任意に供述した旨を証言することになる。するとその供述調書の証拠能力が認められることが多い。裁判官は被告の弁解よりは警察官の証言を信用するからだ。

相次ぐ調書改ざん事例

警察官が作成した事件の目撃者等の参考人供述調書は、その供述が特に信用すべき状況の下になされたことなど、厳しい条件が付けられているため、被告人が同意するなどの条件が満たされない限り、証拠能力は認められない。そこで、検察官が再度参考人を取り調べるか、参考人が裁判で直接証言することになる。にもかかわらず、警察官は参考人の供述証書に関する証拠としての考え方が極めて杜撰だ。

２０１３年12月、警察官による供述調書の改ざんが相次いで発覚した。

２０１２年12月２日夜、大阪府警堺署で起きた公務執行妨害事件で、同署の警部補、巡査長、巡査ら署員５人は、留置場で暴れた男を現行犯逮捕して保護室に収容した際、巡査長の措置が不適切と考えた警部補の指示で、不在だった署員が指揮したとする虚偽調書を作成した。この調書は、実況見分でウソと発覚したが、他の署員２人と巡査長、巡査は同15日、警部補の指示を伏せた偽りの訂正調書を作るなどした。公務執行妨害事件の公判では今年３月、同署の巡査長と巡査が虚偽調書通りに証言した。

当時の署長と副署長は、真相が記された供述調書を公務執行妨害事件の証拠として地検堺支部に送らなかった。

大阪府警は、同署の（署長と副署長を証拠隠滅容疑など、警部補ら）７人を虚偽有印公文書作成・同行使容疑で書類送検した（２０１３年12月13日付読売新聞夕刊）。

事件の被害者の供述調書を改ざんしたとして、鹿児島県警は組織犯罪対策課の警部ら警察官３人を虚偽有印公文書作成・同行使などの疑いで書類送検した。県警は警部を同日付で減給10分の1（3ヵ月）の懲戒処分にし、警部は依願退職した。ほかに送検されたのは同課の警部補と巡査部長で、ともに本部長訓戒とした。県警によると、3人は2012年、鹿児島県霧島市内で摘発した暴力団組員関連の事件の捜査で、7～11月に被害者に聴取した際、説明が二転三転したため、3回にわたり調書を作り直した。その際、11月26日作成の調書を7月2日付と偽って鹿児島地検に送った疑いがある。警部は「確実に立件するためだった」と話している。この問題は、検事が矛盾を指摘して発覚した。組員は不起訴処分になっており、県警監察課は「調書改ざんが検察庁の判断に影響したと考えている」と話している（2013年12月14日付朝日新聞）。

規範166条には、取り調べの心構えとして「あくまで真実の発見を目標として行わなければならない。」とある。さらに、179条2項には供述調書作成についての注意として「供述者に閲覧あるいは読み聞かせるとともに、増減変更を申し立てる機会を十分に与えなければならない。」としている。

市民から見れば、供述調書には自らの供述がそのまま正しく記載されていると思われるかもしれないが、実際はそうではない。取調官が供述者の供述を要約したり、事件の成立に都合の良い供述に歪曲したり、増減変更の申し立てを無視したりしたという事例は多い。供述調書は警察官の作文だと言われる所以はここにある。

この大阪府警と鹿児島県警の事例は、こうした取り調べや供述調書の作成に関する基本を全く無視したものであって、事案の真相を明らかにするという犯罪捜査の目的とは縁もゆかりもない警察官の犯罪行為であることを物語っている。

第2部　警察組織の変容

第6章　日本警察のしくみ

第1部で、現在行われている警察捜査が、刑事訴訟法などの法令にのっとっているかどうか検討した。警察捜査の正体が、グレーゾーン、ないしは明らかに法律の規定から逸脱していることが理解いただけたかと思う。第2部ではなぜ、警察がそんな組織になったのか、こんな警察捜査が許されているのかを、警察の組織の変容を通して考察してみたい。

自治体警察から再び国家警察へ

明治維新によって江戸幕府が崩壊し、1871（明治4）年、東京府に邏卒《らそつ》（明治初年の警察官のこと）が3000人置かれ、翌年、司法省警保寮が創設されると、警察権は同省に一括された。薩摩藩の下級武士だった川路利良《としよし》が、新時代にふさわしい警察制度研究のため渡欧し、フランスの警察に倣った制度改革を建議し、1874年に首都警察としての東京警視庁が設立され、川路が初代警視総監に就任した。川路が警察官の在り方について説いた「警察手眼《けいさつしゆげん》」には「官員は元来公衆の膏血《こうけつ》を以て買われたる物品の如し」という一節がある。川路は、国民のための近代警察を創ろうとした。その銅像が、出身地の鹿児島県の県警本部庁舎の前に立っている。

以後の警察は、国家警察と国家直属の首都警察としての警視庁と、各道府県知事が直接管理下に置く地方警察の体制になった。当時の知事は官選で、都道府県は自治体ではなく国の地方機関で道府県警察部は国家警察の出先機関だった。

当時の警察は、犯罪の予防、国民の生命、身体、財産の保護だけではなく、言論・出版に関すること（検閲）、衛生に関すること（伝染病の予防、飲食物の検査など）、建築に関すること（危険な建築物の規制など）、消防に関することなど、極めて広範かつ強大な権限を付与されていた。一方では、犯罪の捜査は司法権の行使とされ、「司法警察規則」により、警察官は検事の補助者として、その指揮を受けて捜査することになっていた。

戦前の警察で忘れてはならないのは、特別高等警察（特高警察）の存在だ。

1911年に警視庁に特別高等課が設置された。これにより、地方長官や警察部長などを介さず、特高警察は内務省警保局保安課の直接指揮下に置かれ、内務省と一体となって社会運動の取り締まりにあたった。

1922（大正11）年に日本共産党が結成されると、主要府県の警察部にも特別高等課が設けられ、1925年には治安維持法が制定され取り締まりの法的根拠がつくられた。1928（昭和3）年には全府県に特別高等課が設けられた。特高警察は、共産主義をはじめとする社会主義運動、労働運動、農民運動等の左翼の政治運動や、右翼の国家主義運動等を取り締まった。被疑者の自白を引き出すために暴力的な尋問、拷問を加え、小林多喜二をはじめ多くの共産主義者が犠牲になったことから、当時から「特高」は国民におそれられた存在であった。

戦後の民主化の一環として、占領軍の指示で警察組織の改革が行われ、1947年に旧警察法が制定され、悪名高かった特高警察は廃止された。もっとも、その後の警備・公安警察はその流れを汲むとされている。

警察の責務は「国民の生命、身体及び財産の保護に任じ、犯罪の捜査、被疑者の逮捕及び公安の維持に当たること」とされ、警察の活動は厳格にこれに限定された。警察の権限は大幅に縮小されたが、初めて「犯罪捜査」が警察の責務に加えられた。

警察の地方分権化が行われ、市及び人口5000人以上の町村に自治体警察が置かれ、それ以外の地域（郡部）には国家地方警察が置かれた。この自治体警察は国から完全に独立し、経費も自治体が負担した。

この旧警察法の最大の特徴は、国民の代表者が警察をコントロールすることで、警察の民主化と政治的中立性を保障するための公安委員会制度が導入されたことだ。

ところが、警察の民主性と能率性、中央集権と地方分権、政府の治安責任と政治的中立性等の問題の調和を図るとして、1954年6月に警察法の全面改正案が可決成立、同年7月1日から施行された。これが現行警察法である。

この改正で、形のうえでは公安委員会制度は維持されたものの、国家地方警察と市町村警察は廃止され、警察の責務は都道府県の自治体警察である都道府県警察に一元化、内閣総理大臣の所轄の下に国家公安委員会が置かれ、同委員会が管理する警察庁が一定の限度で都道府県警察を指揮監督するとされた。以来、61年が経過したが、その実態はどうか。

警察の現在のしくみについて触れる前に、ひとつ言っておきたいのは、「警察官の歴史」は役得の歴史でもあったということだ。

筆者が在職中だった1995（平成7）年まで、署長時代の官舎には管内の業者からの盆暮れの届け物があった。方面本部長や本部部課長のときには、警察署長からも届け物があった。署長等にはゴルフ場で会員並みの特別料金でプレーできる特権があった。

何よりの特権は、プールされた裏金からヤミ手当が貰えたし、異動のときには、部内外から莫大な餞別を手にしていた。なかには管内を回って民間の業者から多額の餞別を集める署長もいた。こうした金にはもちろん税金がかからない。莫大なものだった。

最近では、こうしたヤミ手当や餞別はさすがに自粛しているようだが、2014年5月には、鹿児島県警警備課の警視（54歳）が、土木会社等、10社以上から接待を受け飲食代を払わせていたとして、警察本部長から注意処分を受けたと報じられている。警察幹部の特権は未だに変わらない。

昭和年代の現場の警察官の特権と言えば、警察手帳で電車やバスにタダ乗りでき、映画館に入れた時代もあった。交番には管内の飲食店から届けられた一升瓶が天井裏に隠されていた。警察と親しくしている人物が交通取り締まりに引っかかると、取り締まった警察官に頼んで勘弁してもらういわゆる「もらい下げ」があった。その代償は一升瓶1本が相場で一升瓶は酒屋に買い取ってもらい、交番の勤務員の別収入や飲食代に充てられた。

役得がある一方で、今も昔も犯罪を摘発するための情報収集などはシステム化されてこなかった。そのため、警察官は畑と称する協力者（スパイ）が必要だった。優秀な警察官ほど多くの協力者を個人的に確保していた。そうした警察官のところへは座ったままで協力者から情報が転がりこんできた。必要な経費は自腹で賄った。その協力者と警察官との関係は微妙だ。協力者は犯罪者やその周辺の人物でなければ核心に迫る情報は取れない。ときにはミイラ取りがミイラになるということが起きる。

そのための費用は捜査費として予算化されてはいたが、捜査費は上層部の使う裏金に化けていた。現場の警察官も猫の目のように変わる上司に自分が使っている協力者（スパイ）を明らかにすることはなかった。そんなことでは協力者の信用を失ってしまうことを知っていたからだ。これまでも警察は、情報収集に関する法的な根拠を曖昧なままに放置し、おとり捜査や情報提供者との取引など、情報収集活動の法的な担保に関して正面から取り組んでこなかった。そのために、多くの有能な警察官が職場を追われ、なかには、自ら命を絶った警察官も多い。

警察の組織

警察の犯罪捜査の正体を考えてもらうためにも、あらためて、警察全体の組織を確認しておこう。その中での犯罪捜査の位置づけを理解してもらう必要がある。

警察の仕組みは、警察法に書かれているが、国の警察機関と、都道府県警察の機関に分かれている。国の警察機関は、国家公安委員会以下、警察庁、管区警察局までとなり、都道府県警察は都道府県公安委員会以下、警視庁・警察本部、警察署、交番・駐在所までが含まれる。

国の警察組織は、内閣総理大臣の所轄の下に、警察庁を管理する国家公安委員会が置かれる。委員は5人、国家公安委員長は国務大臣だから内閣総理大臣が任免する。

国家公安委員会には、警察庁長官、警視総監の任免権（内閣総理大臣の承認）、都道府県警察本部長の任免権（都道府県公安委員会の同意）、国家公安委員会規則制定権等がある。国家公安委員会は、独立した事務局はなく、警察庁の職員が事務を取り扱っている。したがって、国家公安委員会の人事権等の多くの権限は、事実上警察庁が取り仕切ることになる。

警察庁には、長官官房、刑事局、生活安全局、交通局、警備局等が置かれ、それぞれの所掌事務が決められている。局には各課が置かれて、日常からそれぞれに対応する都道府県警察の各課と緊密な連絡を保っている。警察庁に勤務する長官以下の幹部の多くは、いわゆるキャリア、あるいは準キャリアと呼ばれる警察官僚である。こうした警察官僚が地方警務官（628人）として都道府県警察に出向し、25万7041人の都道府県警察の警視以下の警察官を指揮監督することになる（2014年4月1日現在）。

かつて民間有識者による警察刷新会議は、「警察のいわゆるキャリアには、現場経験を積む機会が十分に確保されておらず、また、一部には国家と国民に献身するとの高い志と責任感に欠ける者が見受けられる。」「いわゆるキャリア警察官については、最も求められるものは使命感の自覚である。被疑者の取り調べ等の捜査実務や交番での勤務経験等の充実を図るとともに、警察本部長への一律登用の排除等の選別を適切に行うべきである。」という趣旨の提言をした（2000年7月「警察刷新に関する緊急提言」）。つまり、現場官庁である警察を現場を知らない一握りのキャリア官僚が支配している現状を変える必要があるとした。

なかでも、都道府県警察の警備・公安部門は、特高警察の流れを汲むとされる警備・公安警察を所管する警察庁警備局の直轄部隊との指摘もある。

警察庁長官の都道府県警察に対する指揮監督権は、警察法上は極めて限定的だ。しかし、都道府県警察本部長をはじめ、国家公務員である警視正以上の警察官（地方警務官）の任免権や都道府県警察に要する経費の支弁などを通じて、事実上、警察庁は都道府県警察をその支配下に置いている。日本警察が国家警察である所以である。

警察は長年にわたり、捜査費（国費）、捜査用報償費（県費）、旅費（国費、県費）等を裏金化して、幹部の遊興費、ヤミ手当、餞別等に流用していた。裏金の原資になった予算のうち、捜査費、捜査用報償費だけをとっても、2002年度の捜査費予算額は67億3660万円、県費の捜査用報償費の決算額は38億7876万円である（全国市民オンブズマン調査連絡会議）。私の体験ではこのほとんどが裏金化されていた。筆者が接した警察庁から出向してきたキャリア官僚は十分にこの事実を知っていた。

都道府県警察を管理しているのは、組織上は知事の所轄の下におかれる「都道府県公安委員会」だ。都道府県公安委員会は、地方自治法による執行機関でもある。ここでいう所轄とは指揮命令権のない監督であって、指揮監督より更に弱いつながりを示すとされる。しかし、知事には、議会への議案提出権、予算の調整・執行権などがある。

２００５年６月、宮城県の浅野史郎知事が、宮城県警の捜査費疑惑に絡み、２００５年度の捜査報償費（県費捜査費）の予算執行を停止した。当時、捜査費等の不正支出疑惑は、北海道警察をはじめ各地で表面化していたが、予算の執行停止は全国ではじめてであり、残念ながら最後だった。

都道府県公安委員は、知事が議会の同意を得て任命するが、実際の人選は警察がやり、知事部局と議会に根回しをして同意を得ているのが実情だ。従って、公安委員には警察にとって不都合な人物、批判的な人物は任命されることはない。公安委員は、非常勤で、週１回の公安委員会に出席して、警察本部長等から報告を受けるのが主な仕事だ。

公安委員会には、警察本部長以下幹部の人事権はない。都道府県警察の職員の職務執行について苦情がある者は、都道府県公安委員会に対し文書により苦情の申出をすることができることになっているが、独立した事務局を持たない公安委員会は、事実関係の調査などは、警察本部の各課に丸投げすることになる。このように、都道府県公安委員会は形骸化し、逆に、都道府県警察に管理されているのが実態だ。

都道府県警察の編成

各都道府県警察の組織などは、各都道府県の組織条例や規則でその組織や事務分掌が定められている。左に示したのは、北海道警察の例であるが、その県の規模により、多少の違い（例えば、警視庁では、公安部と警備部が分かれている）があるが、ほぼ同じである。

【総務部】広報課、総務課、会計課、施設課、装備課、留置管理課、警察相談課、情報管理課
【警務部】警務課、厚生課、教養課、監察官室
【生活安全部】生活安全企画課、少年課、保安課、生活経済課、サイバー犯罪対策課、生活安全特別捜査隊
【地域部】地域企画課、通信指令課、自動車警ら隊、鉄道警察隊、航空隊
【刑事部】刑事企画課（犯罪捜査支援室）、捜査第1課、捜査第2課、捜査第3課、鑑識課、機動捜査隊、科学捜査研究所
【組織犯罪対策局】組織犯罪対策課、捜査第4課、薬物銃器対策課（国際捜査室）
【交通部】交通企画課、交通規制課、交通指導課、交通捜査課、交通機動隊、高速道路交通警察隊、運転免許センター（運転免許管理課、運転免許試験課）
【警備部】公安第1課、公安第2課、公安第3課、警備課、外事課、機動隊

【警察学校】庶務部、初任部、教務部、指導部

都道府県警察の組織は、大きく分けると、警察の頭脳ともいわれる総務、警務部門と生活安全部、地域部、刑事部等の実働部門に分けられる。実働部門には、警察署の機能を補うため、生活安全特別捜査隊、機動捜査隊、自動車警ら隊、鉄道警察隊、高速道路交通警察隊、機動隊等の実働部隊がある。

本部には、各部に参事官、課長、次席、管理官、指導官、隊長などといった警視クラスの警察官が置かれる。課長の中には、公安第1課、捜査第2課のようにキャリア官僚が警察庁から出向してくるポストもある。

各課には、統括官、補佐、班長などと呼ばれる警部クラスの警察官が置かれている。

各都道府県の区域を分かち、各地域を管轄する警察署が置かれ、警察署には署長が置かれる。警察署の位置、名称、管轄区域は条例で決められている。警察は、本部各課、警察署、交番・駐在所の警察官の定員は明らかにしていない。情報開示請求をしても非公開のところがほとんどだ。

北海道警察最大の札幌中央署長、副所長以下は次のような組織となる。【】は警視、課長は警部（2013年4月1日時点）。

【警務官】警務課　人事、広報、情報公開、証明事務、警察相談
　留置管理課　留置施設の管理、留置人との面会、差し入れの受付
【会計官】会計課　予算執行、拾得物、施設・設備の管理
【生活安全官】生活安全第1課　行方不明者届、DV・ストーカー事案、少年事件
　生活安全第2課　風俗事件、風俗営業、生活経済、サイバー事件
【薄野交番所長】薄野交番
【地域官】地域課　交番の統括、登山計画書の提出、各種イベントの相談
【刑事官】刑事第1課　凶悪事件、暴行・傷害事件、鑑識
　刑事第2課　詐欺、横領等の知能犯事件
　刑事第3課　窃盗事件
　組織犯罪対策課　暴力団事件
　薬物銃器対策課　薬物・銃器事件
【薄野特別捜査隊長】薄野特別捜査隊
【交通官】交通第1課　交通関係認可・届出、交通違反等取り締まり
　交通第2課　交通事故・事件

【警備官】警備課　共産党、過激派等の視察、テロ対策、密入国事犯、警衛・警護、災害警備

警察では、警察署の現場を指して「第一線」と呼んでいる。全国の警察署の数は１１６７ヵ所である（２０１５年4月1日時点）。

警察署の定員は公開されていないが、北海道警察では、最大の札幌中央署のように４００人を超えるところもあれば50人を下回る警察署もある。署長は大規模警察署では警視正だが、それ以外は警視である。

筆者が、署長を務めた旭川中央署（警視正）は、署長以下２６９人の警察署だったが、ナンバー2の副署長は警視（中規模以下の警察署は、次長と呼ばれ、警視か警部）で、署長を補佐して警察署全体をとりまとめ、対外的な対応の窓口となり、中でも、広報対策、つまり、警察記者クラブの記者の対応に当たっていた。副署長の下に刑事防犯担当次長、警ら（現地域）交通担当次長の警視が置かれ、担当次長が、刑事、防犯（現生活安全）、交通等の各課長（警部）を統括していた。警視は3人、警部は7人だった。

各課には、課長の警部の下に、係長（警部補）、主任（巡査部長）、係（巡査、巡査長）が置かれていたが、係の標準的な編成は、警部補1、巡査部長2、巡査4であった。ちなみに、

テレビの刑事物に登場する、「刑事」なる正式の職名は警察にはない。正確には「刑事係の巡査」である。県警によっては、刑事係の巡査部長を「探偵長」と呼ぶところもある。

警察署の下部組織として、地域警察が所管する交番・駐在所は全国で1万2807ヵ所である（平成26年版警察白書）。自動車警ら隊や鉄道警察隊などを含めて地域警察官の占める割合は全体の約60％とされている。

24時間体制で国民の安全を守っているとされる警察署、交番・駐在の存在こそ、警察が現場官庁とされる所以である。

幹部枠の拡大が諸悪の根源

警察組織の最大の特徴は階級制度だ。警察官の階級は警察法により上が警視総監から下は巡査まで9階級と決められている。警察には組合はないが、大まかに言えば、警部以上は管理職、警部補以下は組合員だろう。

かつては、階級別の定員は上に行くにしたがって少なくなるピラミッド型だったが、警察庁の方針で幹部枠の拡大が行われ釣鐘型の階級構成に変わってきた。筆者が人事や組織を担当する北海道警察警務部警務課長に就任した1989年あたりから、警部補の処遇の改善を名目に幹部枠の拡大が始まっている。2007年4月には、1991年に比べて、次のように警部補以上の幹部が増え、特に、警部補は倍に、巡査部長、巡査が減っている。（ ）内は1991年4月1日現在の比率である。

警視約3％（約2％）、警部約7％（約5％）、警部補約28％（約14％）、巡査部長約30％（約34％）、巡査約32％（約45％）（数字は2007年9月25日付、衆議院の「警察職員の不祥事に関する質問主意書（北海道選出鉢呂吉雄議員）に対する政府答弁書」から）。

政府は、この答弁書の中で、「警部補の増加に伴い、係長ポストが増設されたために係の細分化を招き業務の円滑な遂行が阻害されるなどの状況があったものと承知している」としている。

このため、現場には部下のいない警部補や巡査部長も出現した。交番に勤務していなかった警部補や巡査部長が、現在では大勢いる。幹部であった警部補や巡査部長が、巡査と同じ仕事をするようになったのだ。

警視、警部の幹部枠拡大は各警察署単位でみても明らかだ。札幌中央署の警視ポストは、1990年当時は副署長以下4ポスト、警部は課長等の10だったが、2004年には警視ポストが7、警部は課長ポスト14に増えている（北海道警友会発行の「北海道警察幹部一覧」）。その後、担当次長の警視ポストも「生活安全官」「刑事官」等に名称を変え、課長等の警部ポストも15以上に増えているようだ。

２０１４年４月１日現在では、警視以下の定員１万０５２８人を階級別でみると、警視４６３人（４・４％）、警部８０２人（７・６％）、警部補及び巡査部長５９２３人（56・３％）、巡査３３４０人（31・７％）となっている（北海道地方警察職員の組織別定員に関する規則）。

ついでだが、警察職員の人事異動には原則がある。郡部から中心部、規模の小さな部署から多い部署、地域部門から専門部門、これは栄転、その逆は昇任したとき以外は左遷だ。北海道警察の場合は、警部以上のポストにはすべてランクがある。警視のポストも、警察署長、本部の課長等すべてランク付けされ、不祥事などで特別のミスがない限り、２年を目途に年功序列で異動する。そのポストでの事件検挙等の実績は関係ない。

警部以上の幹部にとって、次のポストがどこになるかが最大の関心事だ。可もなく、不可もなく、無難にこなすことが出世の近道と考える幹部も多い。幹部枠の拡大は、必然的に統率力、指揮能力といった幹部として必要な能力に欠ける幹部を生み出している。

幹部枠拡大で何が起きたか？

ここ数年、警察庁が発表する懲戒処分者数は減少している。しかし、このところ、大阪府警の警察官（巡査長）が妻に隠れて交際していた女性を殺害（２０１５年１月）、埼玉県警の巡査部長が殺害容疑で逮捕される（２０１５年９月）など、警察官による凶悪事件も目立っている。福岡県警の警視がキャッシュカードを悪用されたふりをして預金の補償を受けようとして詐欺未遂の疑いで逮捕、兵庫県警の警察官ら78人が、交通の取り締まりを巡って虚偽の捜査報告書を作成したとして処分等々、これが警察官かと思いたくなるような犯罪が頻発している。倍以上に数の増えた警部補の不祥事も目立つ。

2015年後半、マスコミで報道されたものの中からその一部を紹介する。

①「包丁を万引きした」と交番に自首してきた男を取り調べず、管轄外の大阪市に車で送ったとして、兵庫県警は、尼崎南署地域課の男性警部補らを犯人隠避の疑いで書類送致（11月20日付毎日新聞）。

②滋賀県警の男性警部補2人と巡査部長を、交通違反を摘発したのに、違反がなかったことにして処理したとして、虚偽有印公文書作成・同行使と、犯人隠避の疑いで、3人を書類送致（11月20日付産経新聞）。

③捜査協力者の女性と不適切な行為をしていたとして、警視庁はいずれも渋谷署組織犯罪対策課の警部補と巡査長を戒告の懲戒処分（11月15日付NHK）。

④福岡県警は8月24日、女子高校生とホテルでみだらな行為をしたとして、県青少年健全育成条例違反（淫行）の疑いで警備部公安3課の男性警部補を逮捕（8月24日付西日本新聞）。

⑤9月29日、警察庁暴力団対策課の警部補が女子高校生2人にわいせつな行為をしたと

して、警視庁少年育成課に児童買春・児童ポルノ禁止法違反容疑で逮捕（9月29日付日本経済新聞）。

⑥　暴力団関係者に捜査情報を漏らしたとして、札幌中央署の男性警部補を地方公務員法違反の疑いで書類送検（10月21日付朝日新聞）。

⑦　北海道警は、交通違反の実況見分の現場にいなかった警察官を立ち会ったと装い、虚偽の調書を作成していたとして、虚偽有印公文書作成・同行使の疑いで、函館方面本部などの警部補や巡査部長、巡査長、巡査の警察官33人を書類送検した。同日付で上司の警部を含めた34人の処分も行った（11月27日付共同通信）。

警察庁によると2013年中の全国の警察職員（事務職員を含む）の懲戒処分者数は389人で、「警部」以上の階級にある幹部の懲戒処分者は46人（11・8％）、「警視」以上は4人増の24人となり、統計のある2008年以降の最多となるなど上級幹部の不祥事が増加した。

北海道警の懲戒処分者は28人で、警視2人、警部5人、警部補5人で、北海道警でも幹部が目立つ。処分の事由別では、窃盗4人、強制わいせつ、痴漢、盗撮が各1人、横領1人で相変わらず犯罪行為によるものが多い。パワハラによるものは5人、セクハラによるものが4人で、そのほとんどが警部補、警部、警視によるものだ。2014年12月には、根室署長が部下に対するパワハラを繰り返したとして更迭されている。

警察内部において、警部補は管理的業務と実働業務の両方を行う能力と責任を有するという意味において、一般に「プレイングマネージャー」と称されているが、果たして、真にその能力を有し、責任を担うことのできる職員を昇任させているのか？

こうした警部補以上の幹部枠の増加は、幹部各級昇任試験のハードルを下げ、幹部教育期間の短縮を余儀なくさせ、それが幹部の資質の低下に繋がったであろうことは想像に難くない。そして、それは、大量退職に伴う経験不足の捜査員の増加とあいまって犯罪捜査力の低下、幹部の捜査指揮能力にも繋がったのだ。一方部下の警察官は幹部の実力をじっと見ている。ノルマの達成に汲汲としている幹部、修羅場で判断をしない幹部、できない幹部、失敗の責任を部下に押し付ける幹部、階級をかさにきて威張り散らす幹部等々。そうした幹部の増加は、幹部のそれまでの権威を低下させる。同時に現場の警察官は、ただ、上司に報告しておけば責任はないとばかり、自らの判断で仕事をしないようになる。

警察の仕事は、全て組織として進められる。その組織を支えてきたのが階級制度だ。その階級制度を崩壊させたのが幹部枠の拡大だろう。

地域警察官の捜査能力低下

国民に最もなじみが深い部門は、交番・駐在所、パトカーの自動車警ら隊、鉄道警察隊をもつ地域部門だ。地域部門の警察官数は全体の約6割を占めるとされる。地域部門に勤務する警察官の事件・事故の対応の適否は、国民の日常生活に大きな影響を与えることになる。しかし、大量退職時代の影響で経験不足の警察官が多いことや優秀な警察官は刑事係など専務警察官に引き抜かれることになるなどにより、地域部門の警察官の評価は、どちらかといえば他の部門の警察官に比べて低い。

警察部内でも、最近の交番等に勤務している警察官の実務能力は低くなっているといわれている。駅など公共の場所で取っ組み合いの喧嘩をしている現場で、現行犯逮捕の判断もできない。逮捕しても現行犯逮捕手続書の「現行犯人と認めた理由」も満足に書けないと聞く。

筆者も現在の地域警察官の捜査能力は、かつて、外勤警察官と呼ばれていた時代に比べて著しく低下しているとみている。これは昭和40年代に警察庁が「外勤警察官の職務範囲の基準要綱」なる通達を全国の警察に示し、外勤警察官（のちに地域警察官）の活動は、事件・事故の初期的、初動的な範囲に限るべきで、継続的な犯罪捜査等は、刑事係等の専務警察に任せ、外勤警察は警ら、巡回連絡といった外勤警察本来の業務に専念するべきだとの方針を示したことによると考えている。

この方針は一部修正されたようだが、基本的には踏襲され、現在も地域警察官がその責任と権限において、一貫して捜査に当たるのは、刑法犯であれば万引き事件、特別法なら軽犯罪法や迷惑防止条例といった一定の範囲の軽微な事件に限られている。

都市部を中心とする交番勤務の警察官の勤務形態も変化している。昔の交番勤務の警察官は、警らは単独徒歩が原則。自転車は禁止、交番にはバイクどころか、パトカーもなかった。無線機もない。しかし、単独徒歩による警らは、「音無きに聞き、姿無きに見る」と教えられ、緊張感をもって管内の隅々の実態を知り、地域の住民と接することができた。時には運よく泥棒の現場に遭遇して現行犯逮捕ということもある。

数ヵ月に一巡するとしていた管内の巡回連絡（家庭訪問）で住民との会話の技術も身についた。ときには、協力してくれる住民もできた。パトロールや巡回連絡で得た情報は「注意報告」として本署に逐一報告された。

しかし、現在は、赤灯を回転させた2人一組のパトカーが主要道路を巡回している。警戒の目はかなり粗い。管内の巡回連絡も高層マンション等が増え、警察官を名乗っても入れてくれない住民も多い。こうして、警察の基盤である地域警察は従来の警察のアンテナとしての機能を失った。それに代わって出てきたのが街中に張りめぐらされた監視カメラというわけだ。

そのうえ、職務質問による犯罪検挙や交通違反の取り締まりに関して、合理性に欠けるノルマを課すなどの業務管理が行われているという。ノルマは必然的に件数稼ぎ、やりやすい事件の検挙や数字の誤魔化しに通じる。こうしたことが、地域警察官の犯罪捜査への意欲を失わせ、捜査能力を低下させたのだ。組織の全体の6割を占める地域警察官の捜査能力低下が、警察全体の捜査能力の地盤沈下をもたらしたと言えるだろう。

生活安全部門の不手際

1994年、警察庁刑事局保安部は、念願の生活安全局に昇格、銃器対策課と薬物対策課を設置した。各都道府県警察は警察庁の1995年までに銃器対策課を設置するようにとの指示を受けて銃器対策課を設置、私が所属した北海道警察もそれまでの防犯部を生活安全部に変更し、1993年発足した銃器対策室を昇格させて銃器薬物対策課を設置、翌年には、銃器対策課と薬物対策課に分離独立させた。

警察庁は、1993年の銃刀法（自首減免規定）の改正に続いて、1995年にも同法を改正、けん銃摘発に当たり、公安委員会の許可を受けて「何人からも、けん銃等若しくはけん銃部品を譲り受け、若しくは借り受け、又はけん銃実包を譲り受けることができる。」を新設した。この改正は、おとり捜査の際に警察官がけん銃などを相手から受け取っても不法所持にはならないことを明記したものだ。

この年3月に國松孝次警察庁長官が、何者かにけん銃で狙撃され重傷を負うという事件が起きた（犯人不明のまま時効）。日本警察のトップが、「平成の刀狩」の最中にけん銃で撃たれるという緊急事態に、平成の刀狩が一段とヒートアップしたのは当然だ。警察庁の強い指示のもと、各都道府県警察はけん銃押収競争を繰り広げ、この年、けん銃の押収数は、1880丁で過去最高を記録した（2013年中は471丁 平成26年版警察白書）。

この「平成の刀狩」は、多くの都道府県警察で「首なしけん銃」の押収などの違法捜査を生み出した。極め付きは、北海道警察の銃器対策課が、けん銃摘発のため、暴力団と取引し130キログラムの覚せい剤と大麻2トンの密輸を見逃したとされる事件だ。この取引は失敗し、大量の覚せい剤と大麻が国内に出回るという結果だけが残った。この捜査は当時銃器対策課のエースともてはやされていた警部補（この1年後には警部に昇任、2年後には覚せい剤使用などで逮捕、懲役9年の実刑判決を受け服役）が主導したものであるが、彼はこの捜査は銃器対策課長以下の指揮のもとで行われたと主張している。一連の問題では、協力者と彼の上司だった警視が自殺している。

こうした現場の警察官によるけん銃摘発をめぐる不祥事を受けて、警察庁は2004年4月、生活安全局の銃器対策課と薬物対策課を廃止し、刑事局に組織犯罪対策部を新設、薬物銃器対策課を置いた。各都道府県警察もそれに倣って同様の組織改編を行った。生活安全部門は、強面の薬物捜査もけん銃捜査も剥奪され、まるでセミの抜け殻状態になった。

生活安全部の捜査といえば、時折、ストーカー事件やＤＶ事件の対応の不手際を繰り返しては批判を受けていたが、こうした新しい法律によって警察に導入された業務が、警察の公共の原則からして、警察業務としてなじむのか、事案の性質上こうした問題に警察は最後まで責任を負えるのかなど、警察の現場には未解決の問題が山積したままだ。生活安全警察の花形だった少年警察も、非行少年が少子化の影響を受けて、半減している。

こうしたなか、インターネットが国民生活や経済活動に不可欠な社会基盤として定着し、不正アクセス事件等のサイバー犯罪が多発したため、「不正アクセス行為の禁止等に関する法律」が１９９９年に制定され、警察庁がその対策強化に乗り出し、都道府県警察の生活安全部にサイバー犯罪対策課が設置された。

銃器対策課がそうであったように、新しい組織が創設されると警察の現場では必ず実績競争が始まる。２０１２年６月から同年９月にかけて発生したインターネットを利用したパソコン遠隔操作事件について、神奈川県警察、大阪府警察、警視庁及び三重県警察は、威力業務妨害罪等で４人の男性を逮捕した。しかし、いずれも誤認逮捕だったことが明らかになったのは記憶に新しい。

幹部の指揮能力が低下した刑事部門

刑事部門は、いわば警察の表看板である。しかし、時代の変化とともに捜査を取り巻く環境は厳しく、犯罪の発生件数が激減する中で、かつて60％を超えた検挙率（刑法犯）は、30％前後で低迷している。後程詳しく書くが、その検挙率の算出にも、認知件数や検挙件数に不正があるとの指摘も出ている。

重大事件の未解決や捜査本部の初動段階での不手際や情報管理の甘さも目立つ。捜査手法も監視カメラへの依存が目立ち、地道な従来の聞き込み捜査や現場を中心とした徹底した捜索等が疎かになっている傾向が見受けられる。平成26年版警察白書によると、警察署の捜査員の捜査経験年数は、捜査経験年数が３年未満の捜査員の割合は上昇傾向にあり、１９９３年には20・１％であったが、２０１３年には32・３％と１・５倍以上となった。一方、捜査経験年数が10年以上の捜査員の割合は低下傾向にあり、１９９３年には49・４％と全体の約半数を占めていたが、２０１３年には31・３％と全体の３分の１以下となった。このように、過去20年間で、捜査経験が豊富な捜査員の割合が相当程度低下している。

経験不足の捜査員の増加やベテラン捜査員の減少のほか、捜査力の低下には、様々な要因がある。

平成年代に入って始まった幹部枠の拡大により、昇任試験のハードルを下げることになり、幹部の資質の低下を招くことになった。それは捜査幹部であっても例外ではない。加えて、警察官採用時の初任科教育の期間も短縮され、昇任後の幹部の教育期間も大幅に短縮されている。

特に、警察署で課長等のポストにある警部は、規範により「捜査主任官」として事実上、署長を補佐して、捜査方針を決め、捜査の指揮に当たる。公安委員会から令状請求を行う「指定司法警察員」にも指定されている。

警部の捜査指揮能力の低下は、捜査方針の誤りによる未解決事件の増加のほか、冤罪事件、誤認逮捕といった重大な人権侵害を生むことに繋がる。

事件検挙も相変わらず取り調べによる自白に依存している現状から脱することができず、冤罪事件の要因と指摘される違法な取り調べについても、その全面可視化に反対し、取り調べの監督制度などという消極的な制度を導入するだけで、有能な取調官の育成も遅れている。

致命的なのは、暴力団等による組織犯罪や汚職事件などの捜査が低迷していることだ。昔から指摘された組織的情報収集管理体制や情報収集に関する法整備が進んでいないためだ。捜査費の不正流用や捜査情報の漏えいなど情報収集をめぐる不祥事も未だに後を絶たない。

これは犯罪捜査に必要な情報収集という警察の活動が、警察の組織法である警察法2条に求められるなど、極めて曖昧な形で放置されているところに問題があるからだ。情報収集が犯罪捜査に必要な手段であるならば、正面から早急な法整備を行うべきだ。このまま放置すれば更なる警察内部でのコンプライアンスの欠如に繋がる。そして、コンプライアンスの欠如は違法捜査へ、そして、冤罪へと繋がる。

苦情が殺到する交通部門

交通部門といえば、国民の多くが交通違反の取り締まりを思い出すほど、評判は良くない。運転免許人口約8186万人、1年間の道路交通法違反の取り締まり件数は約744万件だ。免許保有者の100人に9人は摘発されていることになる。運転免許の取り消し、停止処分は40万6047件、交通事故で約60万件が送致されている（平成26年版警察白書）。これが警察を国民が嫌う最大の要因だ。

「市民の目フォーラム北海道」では相談BOXを設けて、警察に対する苦情の相談に応じていたが、その中で最も多いのが交通違反取り締まりに関する苦情だ。制服警察官が物陰に隠れて、シートベルトの取り締まりやスピード違反の取り締まりをやっている姿は傍目でみても恰好がいいものではない。

交通事故の捜査に対する苦情も多い。交通事故への対応は、昔は事故処理、と呼ばれていたが、現在は交通事故捜査と呼んでいる。事故捜査を担当する警察官は、多発する交通事故にいつも未決事件を抱え四苦八苦している。捜査を急ぐあまり、形式的な捜査になったり、強引な取り調べを行ったり、ときとして、実況見分調書を偽造したりするケースも出てくる。

また、交通事故で運転者を現場で現行犯逮捕したという報道を聞くたびに、やり過ぎだと感じているのは筆者だけだろうか。酒酔い運転、ひき逃げなどの悪質なケースを除いて、ほとんどが過失事件であり、免許証で身元も確認できる。証拠隠滅や逃走の恐れがないのに逮捕する必要があるのだろうか。筆者には見せしめ逮捕、件数稼ぎの逮捕に思える。

北海道警は、２０１５年11月27日、森警察署地域課の巡査長を虚偽有印公文書作成・同行使容疑で逮捕した。同じ人物をシートベルトの装着義務違反で2回摘発したとする交通違反切符を作成したという。巡査長は「事件や事故が少ない中、交通違反検挙くらいやらないと格好がつかないと思った」と供述。過去の交通違反者リストから選び、同様の行為を数十件したと話しているという。冤罪は、殺人などだけで起きているのではない。市民のごく身近な車の運転という場面でも起きていることをこの事例は示している。そして、警察官の公文書についての認識の不在、これが証拠のでっち上げや証拠の偽造に繋がることも忘れてはなるまい。

交通部門には、昔、「取締指数」という考えがあった。交通事故の発生件数は違反取り締まり件数に反比例するという発想だ。つまり、取り締まりで交通事故を抑止するという考え方だ。

そうした考えの名残なのか、警察署には警察本部から違反態様別に年間の取り締まり目標件数が示される。ここにもノルマがある。ノルマを達成するためには、交通事故に繋がるとされている酒酔い運転等の危険な運転の取り締まりより、よりやり易いシートベルトの取り締まりなどに目が向けられがちになる。

警察が交通事故死者数の多寡を争うのもナンセンスなことだが、長年、愛知県は北海道と年間の交通事故死者数ワーストの座を争ってきた。2013年2月、愛知県警が交通死600人を計上していなかったとして過去21年分の統計を訂正するという問題が発覚した。2015年10月には千葉県警でも交通死亡事故の過少申告が発覚した。2013年までの10年間、交通事故死166人を「件数を少なく見せようと意図的に除外」し、計上していなかった。統計担当の警視6人と監督する警視正1人を本部長訓戒など処分している。

都道府県警察にとって、交通死者数や交通事故件数は都合の悪い情報だと考えているのだろうか。県警にとって都合の悪い情報を隠蔽しようとした結果であろう。

そこには情報公開に対する基本的な姿勢の欠如があるのだが、そもそも、交通事故の発生要因には、運転免許保有者や自動車保有台数のほか、道路延長距離、道路構造、車の走行速度、気象条件など、多くの物理的・自然的な要素が関係してくる。さらには、人や貨物の動きなど経済活動も関係しているだろう。これらに運転者の故意や過失が絡んでくる。

こうした膨大かつ複雑な要素で起きる交通事故を警察の力で抑えるという発想自体が警察の思い上がりだ。警察にはそんな力はない。そうした謙虚な姿勢で、取り締まり至上主義から国民に協力を依頼する交通事故防止策を考えるべきではないのか。

息を吹き返す裏の顔・公安警察

実働部門のうち、地域から交通までの各部門を警察の表の顔とするなら、警備・公安部門は裏の顔である。戦前の特高警察の流れを汲むとされる警備・公安警察の実態は国民には知らされていない。いわば秘密警察的存在である。

警備・公安部門の本来の業務は、日本共産党等の革新団体に警察のスパイを設定することにある。

その警備・公安警察も、日本共産党や過激派集団等が活発に活動していた時期には隆盛を誇ったものの、そうした勢力が衰退に向かうに従って凋落に向かった。そこに起きたのが２００１年９月11日のアメリカ同時多発テロ事件だ。その結果、新たな集団へのスパイ獲得作戦の実態が明るみに出た。

２０１０年10月に発覚した警視庁公安部外事第３課の内部資料がインターネットに流出した事件だ。この流出により、外事警察が日本国内のイスラム教徒をテロリスト予備軍とみて、様々なやり方で監視活動や情報収集活動を展開していたことが明らかになった。

この事件では、２０１１年５月、イスラム教徒らが国と東京都に損害賠償を求め、東京地裁に提訴した。東京地裁は２０１４年１月、「流出したデータは警察が作成し、内部の職員が持ち出したもの」で、「警視庁の情報管理体制が不十分だったため流出し、イスラム教徒らの名誉を傷つけた」と認定して東京都に計９０２０万円の損害賠償の支払いを命じたが、情報収集自体は「国際テロ防止のため、やむを得ない措置だった」とされた。

警備・公安警察における犯罪捜査も多くの場合情報収集の手段である。そのために、軽微な事件で被疑者を逮捕したり、捜索・差押等の強制捜査を行う。警察内部では、警備・公安警察の捜査能力は低いとみられている。警察庁長官狙撃事件を検挙できないまま時効を迎え、なおかつ、それをオウム真理教による犯行であるとの声明を出してオウム真理教に提訴されるという不手際を演じた。

　2015年11月のパリでの同時多発テロ事件は、2001年ニューヨークでのテロ級の衝撃を世界に与えた。多くの国々がテロとの戦いを宣言し、日本政府もその一員となっている。警備・公安警察は、こうした流れをチャンスとばかり、市民監視を強めると思われる。すでに共謀罪の制定も取りざたされている。2014年成立した特定秘密保護法同様、これも警備・公安警察の権限強化法制である。

第7章　階級制度のひずみ、パワハラ不祥事

警察職員の懲戒処分

　2014（平成26）年1月、警察庁は前年中の全国の警察職員（事務職員を含む）の懲戒処分者数を発表した。

　不祥事の問題については、警察内部には「事案があっただけでは不祥事ではない。これがマスコミに騒がれて、初めて不祥事となる。」という根強い考え方がある。こうした考

え方によるなら、警察にとって「隠蔽」こそが最良の不祥事防止対策ということになる。

警察庁の発表によると、全国の懲戒処分者数は389人（警察官358人、職員31人）で、前年比で69人減った。これを過去10年でみると、2004年の488人、2012年の458人に次いで高い水準にある。

処分の事由別では、セクハラや痴漢などの異性関係が112人で最も多く、窃盗・詐欺・横領等が73人、公文書偽造・毀棄・証拠隠滅等47人と続いている。こうした犯罪行為による逮捕者は前年より7人減ったが86人を数えている。パワハラによる処分も16人で前年の3倍に増えている。

「警部」以上の階級にある幹部の懲戒処分者は46人で「警視」以上は4人増の24人となり、統計のある2008年以降の最多となるなど上級幹部の不祥事が増加した。この背景には、先に説明した幹部枠の拡大による上級幹部の増加とその質の低下がある。

警察官に聖人君子であれとは期待しないが、警察官は犯罪捜査を職責として、そのために被疑者の取り調べ、逮捕あるいは捜索・差押といった非常に強い権限が付与されている。その警察官が一方では犯罪に手を染めることはいかなる理由があっても許されることではない。

警察官にとって、犯罪行為は究極のコンプライアンスの欠如だともいえる。

パワハラと警察官の自殺

警察の不祥事で、実態ほど数字に表れていない不祥事が上司のパワハラによる警察官の自殺の問題だ。階級制度のひずみ、キャリアとノンキャリアの問題、摘発などの数字のノルマなど、警察組織の現状の問題を象徴している現象だろう。

民間企業でもパワハラはよくある問題だが、犯罪捜査という強力な権限を付与されている警察組織だけに、国民にとって恐怖だ。

２０１４年５月１日、福島県警捜査第２課の指導官（警視）と課長補佐（警部）の２人が相次いで自殺していたことが発覚した。指導官は２〜３日前から連絡が取れなくなり、４月30日に山形県内で乗用車内から首つり遺体で見つかった。課長補佐は４月28日に福島市内の県警施設内で首つり自殺しているのが発見された。

当初、福島県警は２人が亡くなったことについて「プライベートなことなので話せない。必要があれば調査する」としていたが、６月26日、捜査第２課長（45歳）が亡くなった２人のうち１人を含む３人にパワハラ行為をしたとして、戒告処分にし、警務部付に更迭すると発表した（同年６月26日付共同通信）。

県警によると、捜査第２課長は前年12月から同年４月にかけ、課長補佐が決裁文書を出すたび、「小学生みたいな文書を作るな」「国語を習ってきたのか」などと訂正を指示。人格を否定するような発言を繰り返した。他の警部2人に対しても、「書類も書けないんだから外に出るな」、「あんたは係長以下だ」などと日常的に非難したという。

県警は発表で、課長補佐の自殺の原因について、「パワハラ行為に悩んでいたのは間違いない」と述べたが、休暇が少なく別の仕事上の悩みも抱えていたことから、「様々な要因が重なった」とした。捜査第2課長は県警の調べに対し、「パワハラの認識はなかった。深くおわびしたい」と話している（同年6月26日付読売新聞）。

亡くなった警部は、4年前から振り込め詐欺の捜査の責任者で4月28日午前8時前、福島市の県警山下庁舎の取調室で、首をつって死亡しているのを、出勤した警部の同僚が発見。「仕事に疲れた」との趣旨の遺書があった。警視は2課長に次ぐポストの「指導官」。汚職や詐欺事件など同課が担う捜査全般を指揮していた。死亡した警部に向け「最後まで寄り添えなくて申し訳ありませんでした」とあり「2課の皆様、最後まで支えることができず申し訳ありませんでした」と書かれていた（同年7月9日付河北新報）。

警察庁出向組の傲慢

全国の都道府県警察本部の刑事部捜査第2課長のポストは、警察庁採用のキャリア（旧国家Ⅰ種採用組）、あるいは準キャリア（旧国家Ⅱ種採用組）のポストになっていることが多い。筆者も北海道警から当時の警察庁保安部防犯課に出向、その後、山梨県警と熊本県警の捜査第２課長を務めた経験がある。

捜査第２課の主要な仕事は知能犯事件の捜査、特に、公務員の汚職事件の摘発である。中小選挙が行われるときには選挙違反の取り締まりの中心となるのも捜査第２課である。中小の県警では、暴力団対策も所管している。知能犯捜査を担当する捜査員は、刑事部門の捜査員の中でも優秀だとされ、その道一筋というベテラン捜査員が多い。

パワハラ事件で戒告処分を受けた福島県警の捜査第２課長は45歳で、有名私立大学卒の国家Ⅱ種採用組のいわゆる準キャリアで、警察庁長官官房総務課長補佐等を経て、２０１３年３月15日付で同庁生活安全局情報技術犯罪対策課課長補佐から福島県警捜査第２課長に着任した。

準キャリアは、採用と同時に「巡査部長」に任命され、初任教養として６ヵ月間、東京都小平市の「関東管区警察学校」に入校、卒業後は１年間、大規模県警の地域課（交番）と刑事課を半年ずつ経験、１年後は再び「関東管区警察学校」に入校し警部補に昇任する。その後、中級幹部として再び大規模県警に出向、警部に昇任し警察大学校に入校、警察庁本庁勤務も経験し、大規模県警察でも実務につく。警視になって以降は都道府県警察に出向、警察庁と県警の相互間を往復するような勤務となる。最終的には、北海道警察の方面本部長か中・小規模の県警本部長（警視長）で退職することになる。

　おそらく、この捜査第2課長が暴言を吐いた警部らは、犯罪捜査の実績も経験も課長よりは豊富だったはずだ。そうしたことに対する謙虚さが見られない。在任中に捜査第2課としての仕事をしようと考えていたのなら、部下の力を使い、あるいは引き出して行くべきだろう。こうした、部下の人格を踏みにじるようなやり方は、思い上がりも甚だしいものがある。

　捜査第2課の主要な業務である汚職事件や選挙違反事件の捜査は、事実上の警察庁捜査第2課の指揮事件だ。捜査費の多くは国費だ。そうした警察庁の威光や準キャリアの思い上がりで、役人汚職事件、暴力団犯罪、振り込み詐欺事件といった難しい組織犯罪の指揮ができるのか。現場の捜査員たちが意欲を持って取り組むと思うのか。

　最近、警察の汚職事件等の組織犯罪の摘発が低迷しているのはこんなところにも要因があるのかも知れない。

　キャリアにもこうしたタイプの人物も数多くいる。ポストの権限をことさらひけらかす者、学歴や能力を誇示する者、公私の区別をしない者、暗に金品を要求する者、いざとなると責任を回避する者等々、現職時代に多くのキャリア官僚に仕えた筆者の経験からも、この捜査第2課長のやり方は想像がつく。

階級が絶対の価値観を持つ警察組織にあって、進退を懸けて諫言することは難しい。亡くなった警部や指導官には死をもって抗議する以外に道はなかったのか。

おそらく、亡くなったのが警部だけだったら、福島県警はパワハラの事実を隠蔽しただろう。指導官の死が福島県警を動かしたことになる。こうした隠蔽体質こそ警察が抱えるあらゆる問題の解決を阻んでいるのだ。

それにしても、この問題での捜査第2課長の処分が、懲戒処分でもっとも軽い「戒告処分」とは驚いた。2人の部下を死に追いやったのだ。パワハラ行為は、ときとして、強要、脅迫、名誉棄損といった犯罪行為だ。自殺者が出れば、場合によっては未必の故意による殺人の可能性もある。そのくらい厳しく追及するべきだろう。

明らかになるパワハラは氷山の一角か

警察庁によると、2013年の全国の懲戒処分者数のうち、パワハラによる処分者は16人で前年の3倍に増えているが、おそらく、これは氷山の一角だろう。警察庁は「もともと指導が厳しい職場である上、受け手や社会の意識が変わった影響もあるとみている」とまるで他人事のような説明をしている。

2013年8月、愛知県警の現職警察官（警部補）とその妻が、愛知県警の新人警察官だった長男（当時24歳）が、２０１０年11月29日、勤務先の警察署のトイレ内でけん銃を使って自殺した問題で、長男が自殺したのは上司のパワハラなどによるものだとして、愛知県（県警）を相手に国賠訴訟を提起した。この問題では、自殺した警察官の上司である巡査部長が職務質問のノルマをこなせないことを理由に、交番の前の衆人がいる中で、制服を着たまま腕立て伏せをさせたり、あからさまに「今年赴任した中でお前が一番成績が悪い」とか「職質で検挙できないのはお前のせいだ」などと一方的に非難、罵倒を浴びせ、巡査部長の意に沿わない言動が見られると、理由もなく「ミスだ」として「ペナルティーを科す」と称して腕立て伏せやスクワットを強要したとの証言もある。

２００４年５月、熊本県警機動隊の待機宿舎で、機動隊員（当時22歳）が「迷惑かけてごめんなさい。僕は死にます。先輩たちのせいではありません」と書き残し首つり自殺したのは、熊本県警の機動隊員らによる「いじめ行為」によるものだとして、元県警剣道首席師範の父親らが提訴した国賠訴訟では、２０１１年２月の判決で、機動隊員らによる「いじめ行為」が認められた。

その後もこうした殺人的パワハラ自殺が続発している。

２０１４年２月７日、部下に暴言を吐くなどのパワハラ行為をしたとして、秋田県警の交通部長（警視正）が本部長訓戒処分を受けて辞職した。この問題で元部長にパワハラを受けた部下が、２００５年に自殺していたことが発覚、秋田県警は処分時にこの事実を公表していなかった。県警によると元部長は本荘署（現由利本荘署）副署長だった２００４年9月～２００５年1月ごろ、同署地域課長の警部（当時48歳）を複数回にわたり声高に叱責するなどした。警部は２００５年2月24日に官舎で自殺した。２０１３年10月に、元部長のパワハラを示唆する投書があったため、県警は関係者の聞き取り調査を行ったが、パワハラと自殺との明確な因果関係は確認できなかったという（２０１４年3月2日付産経ニュース）。

２０１４年2月、警視庁蒲田署地域課の巡査長（当時44歳）が、署内のトイレで拳銃で自殺した。自殺の原因は上司の警部補が、職務質問による摘発実績が上がっていないことを理由に、部下らに対して「今後の身の振り方を家族と相談しろ」と退職を迫ったためだという（２０１４年4月22日付朝日新聞）。

同じ２０１４年3月、大阪府警四條畷署刑事課の巡査長（28歳）が上司からパワハラやいじめを受け、前年9月に首つり自殺していたことが発覚、大阪府警は指導を逸脱した不適切な行為が常態化していたと判断、統括係長だった警部補（49歳）ら4人を同日、減給の懲戒処分とした。警部補は「早く一人前にしようと思い、エスカレートしてしまった」と説明。同日付で依願退職した。亡くなった巡査長は前年4月に同署刑事課盗犯係に配属された以降、ミスのたびに係長らから「何回言うたら分かるねん」と罵声を浴びせられた。8月には係の酒席で、その日買ったばかりの腕時計を「防水機能があるから」と、巡査部長2人に焼酎やビールの入ったグラスに落とされたほか、帰り道に29歳の巡査部長から腕や肩を数回殴られ、回し蹴りされる暴行も受けた。さらに9月初旬に開かれた刑事課の飲み会では、スマートフォンの裏ぶたやカバーを鍋の中に入れられるなどの集団的パワハラを受けていたという（2014年3月5日付産経ニュース）。

2014年7月7日には宮城県警佐沼署の交通課の巡査長（32歳）が、首つり自殺した。自室に「上司からパワーハラスメントを受けていた」という趣旨のメモが残されていたことが8日、県警への取材で分かった。自殺したのは交通課の巡査長と判明。メモは上司2人の名前を挙げた上で「当惑するような指示を受けた」などという内容だったという（2014年7月9日付河北新報）。

警察職員の自殺は、公務中とか、警察施設内とかの場合を除いて、自殺の事実は隠蔽される。その要因が上司のパワハラにあるとみられるときは、一層隠蔽される。しかも、その上司の階級が上であればあるほど隠蔽される。警察職員のパワハラを理由とする自殺が発覚するのは氷山のほんの一角だろう。

北海道警に警察庁から出向してきたキャリアの捜査第2課長（当時32歳）もパワハラで

更迭されたことがある。２０１０年10月のことだ。飲み会の席で、課員に対して人格を否定するような発言をしたり、土下座させるなど、パワハラと受け取られかねない言動をした。また、部下に深夜まで一緒に飲酒するようたびたび強要するなどしていたといい、酒癖が悪かったようだ。あまりのひどさに部下が別の上司に相談して発覚した。

懲戒処分に至らない軽微な事案については所属長訓戒等の処分が行われる。北海道警では「監督上の措置」と言われ、その数は懲戒処分の３倍以上もある。北海道警によると、２０１３年中の「監督上の措置」は97人、このうちパワハラ・セクハラによる処分は17人に及ぶ。

自殺に至らないパワハラは警察内部では日常茶飯事的に起きていることが窺われる。こうしたパワハラ・セクハラ問題が後を絶たないことから、全国の警察では「ハラスメント防止対策要綱」を制定している。北海道警も「北海道警察ハラスメント防止対策要綱」があるが、パワハラ・セクハラ事案は階級等の優位性を背景として潜在化する傾向が強く、また、幹部職員の認識不足、意識格差が発生要因となっていることから、更なる職員の意識改革及びセクハラを許さない職場環境づくりが必要だとしている。

警察官にとって、上司の命令は絶対である。こうした階級制度の上にどっぷりと胡坐《あぐら》をかいた幹部が未だに多いのも、警察においてパワハラがなくならない原因だ。

加えて、警察官も労働者だが、警察職員には、団結権、団体交渉権、団体行動権（争議権）は認められていない。幹部の考え方で現場の業務管理や人事管理が一方的、恣意的に行われる傾向が強い。ときには、勤務実績が上がらない警察官に対して、辞職願を書くよう強要したり、時間外勤務手当の支給額が労働時間ではなく、幹部が示したノルマの達成度に応じて支給されるなどの問題まである。しかし、こうした問題に対する意見具申が幹部批判と受け止められがちで、そうした職員がパワハラのターゲットになることもある。

上司のパワハラを受けた職員がパワハラを訴えれば、人事などで不利益な扱いを受けやすいし、いつ左遷されるか分からない。パワハラ被害者は上司に逆らう癖があるというレッテルを張られるのがオチだ。であれば泣き寝入りするしかない。責任感の強い職員ほど精神的に追い込まれ、自殺といった悲劇が生まれる。

犯罪捜査権という強力な権限を付与されている警察という組織において、上司のパワハラによって多くの警察官が自ら死を選ぶことが常態化しているのは異様だ。こうした閉塞感が漂う暗い組織が、人権を尊重しながら捜査権を行使することを期待できるだろうか。何か恐ろしささえ感じるのは筆者だけだろうか。

第8章　安全・安心なまちづくりの正体

わが国は世界でも安全な国

犯罪（刑法犯）の認知件数は、1996（平成8）年から増加に転じ、2002年に戦後最多を記録した。政府、警察庁、マスコミも刑法犯認知件数が7年連続で戦後最高を記録し、検挙率は過去最低の水準となったとして、わが国の急激な治安悪化を指摘した。警察庁は、その背景の一つに犯罪の組織化の進展を挙げた（平成15年版警察白書）。

以来、政府は官民連携による安全・安心なまちづくりをキャッチフレーズに、2003年12月に「犯罪に強い社会の実現のための行動計画」を策定、2005年6月、犯罪対策閣僚会議と都市再生本部の合同会議を開催し、「安全・安心なまちづくり全国展開プラン」及び都市再生プロジェクト「防犯対策等とまちづくりの連携協働による都市の安全・安心の再構築」を決定し、両者を調和させて推進していくとした。

ところが、皮肉なことに、増え続けた犯罪（刑法犯）は、2003年からは毎年10万件単位のスピードで減少を続け、2013年中は131万4140件と、前年より8万9130件減少した。この点について、警察庁は「全国警察が関係機関や地域住民等とともに犯罪抑止対策を推進しているほか、政府を挙げた取り組みを進めてきたことによるものと認識している」と説明しているが、抽象的で科学的な分析に基づくものではないことは明らかで、市民の実感としてもピンと来ない。

この刑法犯の認知件数の減少は、窃盗犯の認知件数が減少したことが大きな要因である。2013年においても、刑法犯の認知件数の減少数の73・2%を窃盗犯の減少数(3万1814件減)が占めている。犯罪の急激な減少は、警察のキャリア官僚にとって、何よりも予算や人員の削減にもつながりかねない。必ずしも好ましくない現象だ。

殺人の認知件数も、2004年以降減少傾向となり、2013年中は938件と、戦後最少となった。また、その検挙率は101・3%と、前年よりは増加し、他の重要犯罪の罪種に比べ高い水準を維持している(平成26年版警察白書)。ちなみに検挙率が100%を超えるのは2012年以前に起きた事件を2013年に検挙し計上したことによる。

警察白書は、こうした犯罪(刑法犯)の著しい減少の要因については触れないまま、世論調査等からは、国民は依然として治安に対する不安を感じていることがうかがえるとしている。その背景には、児童虐待やストーカー事案、配偶者からの暴力事案が増加傾向にあるほか、特殊詐欺の被害総額が多額に上るなど、子供や女性、高齢者が被害者となる犯罪が多発し、また、サイバー空間に目を向けると、サイバー犯罪が多発し、サイバー攻撃が相次ぐなど、治安上の脅威が深刻化し、これらの犯罪の多発や脅威の高まりが、刑法犯認知件数の減少にもかかわらず、いまだ国民が治安への不安を感じることにつながっていると述べている。

警察庁の説明を聞いて、国民は納得するであろうか。

この点について、日本犯罪社会学会主催第8回公開シンポジウム成果報告書（2012年3月1日）のなかで、犯罪学の守山正氏（拓殖大学教授）は、「日本の低犯罪率の要因を分析する」と題する論文で以下のように述べている。

「1、今日、わが国で日常生活において犯罪の多数は乗り物盗であり、犯罪不安感を高める身体犯の増加はみられず、依然として、女性の深夜歩きがみられるなど犯罪不安感はそれほど高いと思われない。もし世論調査などで罪種によって犯罪不安感の高い部分があるとすれば、政府の言説、メディアの報道などの関係を精査すべきである。

2、政府は、犯罪不安感が高まったとして市民の安全の観点から、2000年以降刑罰の強化を図ってきたが、それは実際に犯罪不安感が高まったというよりも被害者などの市民運動の活発化によって刑罰強化を求める声が高まったことによると思われる。

3、結論として、2002年に戦後刑法犯認知件数が最高を記録したとしても、国民全般の犯罪不安感に大きな変動が生じたとは思われず、依然として、外国人研究者の指摘にもあるように、わが国は世界でも安全な国であることには変わりはない。但し、低犯罪率という指標がそれを示すのかどうかは、まさしく科学的な検証が必要である。」

検挙件数・人員、検挙率も激減した

常識的には、警察官の定員が変わらず、犯罪（刑法犯）の認知件数が減少するなら、警察官は犯罪の検挙活動に従事できるはずだから、検挙件数、検挙人員が増え、検挙率も上がるはずだ。1985年12月末の都道府県警察の警察官の定員は21万5870人、2014年4月1日の定員は25万7669人で4万1799人も増えている。

しかし、犯罪（刑法犯）の検挙件数・人員は、ともに1985年に103万2879件、43万2250人を記録したものの、その後は低迷を続け、2014年は37万0568件、25万1115人まで減少した。

犯罪（刑法犯）全体の検挙率は1985年には64・2%だったものが、2004年には20・8%にまで落ち込み、2014年にようやく30・6%にまで回復した。検挙率が半分以下に激減した理由も警察庁は明確な説明をしていない。2013年中の被害総額約48

9億5000万円、増え続けるオレオレ詐欺等の特殊詐欺も民間の協力もあって検挙件数はやや増加しているものの、末端の被疑者の検挙にとどまり、組織の壊滅には至っていない(平成26年版警察白書)。

そこで、まず2013年の犯罪(刑法犯)の検挙活動の実態を見てみよう。認知件数131万4140件、検挙件数39万4121件、検挙人員26万2486人、検挙率30・0%。この数字が警察の刑法犯捜査の結果である(平成26年版警察白書)。

検挙したうち、最も多いのは窃盗犯で、25万4822件(64・7%)、13万8947人(52・9%)だ。この窃盗犯の中で最も多いのは、空き巣などの侵入盗ではなく、万引き等の非侵入盗で、人数で80・6%を占める。次に多いのは、占有離脱物横領(その多くは駅周辺などに放置された自転車を勝手に乗り回していた事件)だ。こうした事件の検挙の多くは交番等に勤務する地域警察官によるものが多い。彼らにはいわゆるノルマが示される。

いずれにしろ警察がしきりに気にしている検挙率30・0%の中身は、こうした軽微事件の検挙によって支えられていることが分かる。

殺人の検挙率が高いのは、被疑者と被害者の関係別が親族間によるものが459件(53・5%)と多いためだ。これはこの年だけではなく例年の傾向である。

我が国の刑法犯の検挙が、比較的軽微な事件に向けられていることは、警察が検挙した被疑者のうち7万0615人（29・0％）が微罪処分等（警察から検察官に送致されず、各地方検察庁に一括して報告され、起訴等の送致後の刑事手続きは行われない）で処理され、検察庁に送致された刑法犯も起訴された13万0542人（起訴率16・9％）、のうち略式命令請求（簡易裁判所の管轄する100万円以下の罰金又は科料を科しうる軽微な事件で検察官が請求する。正式の裁判は開かれない）が23・5％を占め、不起訴66万4682人のうち起訴猶予が60万6304人（91・2％）を占めていることからも明らかである（平成26年版犯罪白書）。

2012年中に警察が検挙し、検察庁に送致した特別法犯についても同じことが窺える。送致件数7万6701件、送致人員6万9368人の内訳をみてみよう（カッコ内は2003年中と比較した増減率）。

最も多いのは、覚せい剤取締法違反の1万6112件（19・6％減）、1万1379人（21・8％減）だが、2003年と比べて大幅に減少している。その違反態様別をみると、覚せい剤の使用が全体の63・2％を占め、密輸入は0・7％に止まっている。この数字は、暴力団の有力な資金源とされる覚せい剤の密売が、末端の客の検挙に向けられ、密売組織の摘発には至っていないことを意味している。

次に多いのは、軽犯罪法違反の1万2612件（63・5％増）、1万3327人（73・0％増）だ。こちらは2003年と比べて大幅に増加している。続いて多いのは、迷惑防止条例違反の８８９３件、銃砲刀剣類所持等取締法５３２９件、となっている。念のため、銃刀法違反の内訳を見てみると、全体の79・４％が、その他の刃物（刃体の長さが6センチを超える刃物）の携帯禁止違反で、けん銃等の不法所持、密輸・密売等の悪質な事案ではない（警察庁「平成24年の犯罪」）。

実は窃盗の検挙率を中心に犯罪統計上、不思議な現象が起きている。犯罪（刑法犯）の検挙率が低迷を続ける中で、万引きなどを除いた侵入盗や、自動車盗、ひったくり、スリといった重要窃盗犯の検挙率は30％から50％近く（２０１３年は47・５％）まで向上している。

刑法犯全体では、検挙率が低迷しているのに、重要窃盗犯の検挙率が飛躍的に向上しているのはなぜなのか。警察庁は説明していないが実は統計の誤魔化しだった可能性がある。

警察統計の誤魔化し

都道府県警察が犯罪を認知、検挙したときには犯罪統計規則（国家公安委員会規則）により、原票等を作成し電子情報処理組織を使用して警察庁へ報告することになっている。この原票を集計して、窃盗などの刑法犯、覚せい剤取締法違反等の特別法犯、交通事故事件等の全国統計がつくられる。

原票の種類や作成要領は、犯罪統計細則（昭和46年10月6日警察庁訓令第16号）で決められているが、つくられる犯罪統計原票（以下「原票」という）は、「事件票」が刑法犯認知票、刑法犯検挙票等7種類、「被疑者票」は刑法犯成人票等3種類である。

実は、昔からこの原票の作成については、犯罪（刑法犯）の検挙率をあげるために様々な操作が行われていた。検挙率とは、（検挙件数／認知件数）×１００である（認知件数は当年中に認知した事件に限定されるが、検挙件数には当年のほか前年以前に認知した事件の検挙も含んでいる）。

具体的な方法を説明しよう。

凶悪事件であれば、強盗事件を窃盗と暴行に分割したり、放火事件を原因不明火災や不審火にして、放火として計上しないことで凶悪事件の認知件数を抑える。

ごく最近の例を挙げれば、札幌市内で連続発生したガスボンベ爆発事件において、北海道警は２０１４年１月27日に北警察署駐車場でボンベを破裂させた事件で、事件発生時には器物損壊（刑法２６１条　3年以下の懲役、30万円以下の罰金）の疑いで捜査していたが、別の事件で女性（当時51歳）を激発物破裂（刑法１１７条死刑、無期、5年以上の懲役）の疑いで逮捕、4回目の逮捕も激発物破裂だった。これも事件が未解決になったときに備えた統計上の誤魔化しだろう。

窃盗事件でも認知票を計上しないことで認知件数を抑える。あるいは、検挙した被疑者に余罪が多数見込まれるときには、解決の見込みのない窃盗事件をその被疑者の事件として計上する「背負《しょわせ》」と称するやり方もあった。また、侵入盗犯捜査強化月間が行われるときには、すぐには検挙票を計上しないで、月間に合わせて検挙票を計上して、月間の実績をアピールすることも行われていた。

昭和60年代に60％を超える検挙率だったものがどうして激減したのか。その点について警察庁に説明を求めたが、明確な回答はなかった。昔から警察の窃盗事件の検挙率には誤魔化しが多かったのは警察内部では常識だ。当時、現場では密かに原票操作と呼ばれていた。最近になって、国民の身近なところで起きる窃盗事件の検挙率を誤魔化していたことが次から次に明らかになった。

２０１４年６月、滋賀、三重両県警の警察官が窃盗事件の検挙件数を融通し合っていた問題が発覚、滋賀県警は不正な処理に関与した滋賀県警の２人と三重県警の１人を公電磁的記録不正作出・同供用容疑で書類送検した。滋賀県警によると、大津北署が前年10月、覚せい剤取締法違反容疑で逮捕した男の余罪として、三重県松阪市で起きた車上荒らし事件２件を計上しようとした際、松阪署が既に２件を別の容疑者の事件として検挙済みとして処理していた。このため、両署で共謀し、松阪署管内の別の2件の窃盗事件を大津北署が検挙したようにして男の余罪として帳尻を合わせ、不正に統計処理した疑いがある（2014年6月28日付朝日新聞）。

警察庁によると、1989年から実施している「不送致余罪」の制度（余罪の多い被疑者について、捜査の効率化のため被疑者が犯行を認めた供述調書や、被害届、容疑者の犯行だと判断した経緯や理由を記した捜査書類を作成し、警察署長の決裁を受け、警察庁には送致しないが、統計上は検挙事件とする）で、警察署長に報告をしないまま処理したことに問題があったとしている。

「不送致余罪」水増しで検挙率アップ

これと同じような問題は、2002年、福岡県の八幡西警察署で、福岡県警が窃盗容疑で逮捕した男が刑務所で服役中だった時期の窃盗8件を「不送致余罪」として検挙処理していた問題が発覚している。県警によると、男は同年9月、八幡西署が窃盗容疑で逮捕。余罪は、23都府県の1080件、被害総額は計約1億6900万円とされた。このうち、実際に事件として検察官に送検、起訴されたのは逮捕本件を含め計5件で、被害総額は約108万円だった。このほか、新潟県警三条署の刑事課長（警部）が、捜査書類を偽造して、検察庁に送致しない「不送致余罪」を利用して水増しした事例もあった。

警察庁通達によると、「不送致余罪」とは「捜査経済上その他やむを得ない理由で検察官に事件送致できなかった余罪」で、一定の要件を満たせば犯罪統計上は「検挙」に該当するとしている（平成25年11月27日　警察庁刑事局刑事企画課長通達）。

一連の問題に関する報道や警察庁の対応をみていると、全くことの本質に触れていない。警察が犯罪を捜査したときは、検察官に送致することが義務付けられている。「不送致余罪」制度は、明らかにこの原則に反している。

刑訴法246条「司法警察員は、犯罪の捜査をしたときは、この法律に特別の定のある場合を除いては、速やかに書類及び証拠物とともに事件を検察官に送致しなければならない。但し、検察官が指定した事件については、この限りでない。」がそれだ。

微罪処分制度は、各地検の検事正が刑訴法193条1項の一般的指示として、捜査した成人の軽微な事件で、明らかに刑罰の必要がないと認められるときには、送致の手続きではなく、その氏名、犯罪事実などを一括して報告すれば足りるとする制度だ。

筆者は、「不送致余罪」なる制度が始まったとされるころ、札幌市内の警察署長を務めていた。予《かね》てから、統計原票の不正作成はやめるべきだと考え、部下の刑事第1課長には、検挙率の水増しを禁止していた。そのため、警察署長会議等で配布される資料に計上される我が署の検挙率は全道警察署で最下位だった。こうした制度があったことも知らない。

警察署長は、毎日、留置場を一度は巡回する。自分の署の刑事たちがどのくらい仕事をしているのかは、警察本部の統計資料を見るまでもなく、留置場に窃盗被疑者がどのくらい収容されているかを見れば一目瞭然だ。署長の感覚では、窃盗事件の検挙率は10％になれば、刑事たちは一生懸命仕事をしていると考えていた。

窃盗事件は現場などに犯人特定の手がかりはほとんどなく、被害届を受理しても捜査のしようもなく、ただ、未解決事件として記録を保管しているだけだったのだが、こうした事件の検挙の多くは別の事件で検挙した被疑者の余罪だった。

余罪とは逮捕した事件で勾留中の取り調べで被疑者が自白した別の事件のことだ。平成26年版警察白書によると、窃盗事件の検挙件数に占める割合が、２００４年に比較すると２０１３年は58・１％から46・０％まで落ちているという。それでも２０１３年中の余罪の割り出しの端緒は、94・７％が取り調べで、聞き込みによるものは２・３％に過ぎない。その理由について白書は、窃盗事件でも否認事件割合が増えていることを挙げている。つまり、警察の窃盗事件の検挙率は被疑者の取り調べによる余罪の叩き出し次第で決まるということだ。

刑訴法２４６条の全件送致の原則、犯罪統計規則の趣旨に反した警察庁の「不送致余罪」通達は明らかに違法だ。

警察庁に対して、2003年から2013年までの不送致余罪の件数を明らかにするように求めたところ、窃盗事件については2003年には検挙件数のうち44・5%、その後は徐々に減少し、2009年には37・3%、2013年には17・4%まで減少している、としている。

しかし、この不送致余罪制度も、窃盗事件の検挙率をあげるために使われているのは明らかだ。現場を知らない警察庁のキャリア官僚たちが生み出した違法制度が現場の警察官の違法行為を生み出している。

大阪府警「安全・安心キャンペーン」の数字操作

「不送致余罪」による誤魔化しに続いて、2014年7月、今度は大阪府警が、街頭犯罪ワースト1返上をスローガンに掲げ、その裏では大阪府警の全65署が過去5年間の街頭犯罪などの認知件数約8万1000件を計上せず過少報告していたことが発覚した。

大阪府警刑事部刑事総務課の調査では、毎年、認知件数の4～13%が未計上で、そのうち「窃盗」が86%、6万9901件。殺人や強盗などの「重要犯罪」も605件が含まれていた。

「経済の発展には治安の向上が不可欠ですよ」。２００８年の春、当時の府警本部長が府庁に出向いて、就任したばかりの橋下徹知事に街頭犯罪対策などの必要性を直談判した。財政改革を掲げる橋下知事も耳を傾け、当初打ち出した警察官の削減案などを撤回した。同時に府警側も治安の数値目標を求められた。当時はひったくり、路上強盗などの街頭犯罪が大阪の代名詞とされており、「街頭犯罪のワースト1位返上」の大号令となった。府警は署に専門の班を設けたり、本部に担当部署を新設したり、対策を急いだ。行政にも協力を求め、街頭には防犯カメラなどが増設された（２０１４年7月31日付毎日新聞）。

２００２年に刑法犯の認知件数が戦後最高水準を記録して以降、政府及び警察庁は「安全・安心なまちづくり」のキャンペーンを展開してきた。刑法犯の急激な減少は警察庁にとっては必ずしも喜ばしいことではない。予算の増額や増員の理由が無くなるからだ。しかも大阪府では就任したばかりの橋下徹知事が警察官の削減案を打ち出していた。

そこで、大阪府警は「街頭犯罪ワースト１」に着目してキャンペーンを始めたとみるべきだろう。２００９年4月には、街頭犯罪・侵入犯罪対策にあたる「犯罪対策室」（24人）を警務課に新設、ひったくりや性犯罪などへの対策を講じる「府民安全対策課」（96人）を生活安全部に設置した。こうして、「街頭犯罪」の抑止対策の企画及び立案並びに推進に関する業務は、新設された府警生活安全部府民安全対策課の所管となった。警察の犯罪抑止対策といっても、その内容はケータイメールでの安全情報発信やHP上での犯罪発生マップ、防犯モデル駐車場制度など防犯啓発活動くらいだろう。大阪府警は「クルマの中に何もなければ盗られない」という車上ねらい防止のための啓発活動と、警察官による駐車場の巡回強化や「車内からっぽ宣言」運動などを展開したが、その効果は限定的だろう。なのに数字上、大阪府における街頭犯罪の認知件数は、10年連続ワースト1を返上、2010年から2012年まで東京都を下回ってワースト2になっている。しかし、発覚した未計上分を加えると、ワースト1のままだった。「キャンペーン」を叫ぶことで予算を確保しつつ、実際は統計の誤魔化しで認知件数を減らして結果を偽造していたわけだ。

刑事警察にとって最も関心があるのは、犯罪の認知件数を減らすことではない。検挙率をあげることだ。認知件数を減らせば検挙率は上がる。増やすと下がる。昔から行われていた検挙率誤魔化しの古典的な手口だ。

2013年の刑法犯の検挙率30・0%の内容を子細に検討してみると、万引きや占有離脱物横領といった軽微な事件の検挙や逮捕した被疑者の取り調べによる余罪によって維持されていることは既に説明した。重要なのは見せかけの検挙率ではなく、国民が解決を期待している事件を警察が検挙しているかどうかなのだ。

その検挙率を警察庁が発表した資料で見てみよう。

警察庁の「平成20年の犯罪」によると、大阪府警の検挙率は、全国のそれよりも大幅に下回っている（カッコ内が大阪府警の検挙率）。

刑法犯31・5％（19・3％）、窃盗犯27・7％（12・4％）、侵入盗56・1％（35・0％）となっている。「街頭犯罪」は、ひったくり58・7％（34・6％）、路上強盗43・5％（32・8％）、自動車盗45・7％（22・2％）、車上ねらい25・9％（10・1％）、部品ねらい14・1％（7・6％）などとなっている。いずれも全国の検挙率を大幅に下回っている。こうした傾向は2012年中の犯罪を見ても変わっていない。

今回の大阪府警の認知事件隠しは、低迷を続ける検挙実績を隠すため、少しでも見せかけの検挙率をあげようとした大阪府警の姑息な考えが見え隠れしている。

偽りの統計を作る警察官僚たち

筆者が北海道警に在職した1986（昭和61）年に、北海道が11年間続いていた「交通事故死ワースト1」を返上したときのことを思い出した。当時の北海道警察本部長の大号令の下、「交通事故死ワースト1返上」をスローガンに北海道警の全組織をあげて、交通取り締まりの強化などの交通死亡事故の抑止に取り組んだ。

交通事故を単純に死者数だけで評価するのは本来ナンセンスなことだが、道民にアピールするためには格好のスローガンだった。

各警察署長には、目標とする管内の交通事故死者数が割り当てられた。署長たちは黒塗りの署長車にまで赤灯を回転させ、私服警察官まで交通取り締まりに動員して取り締まりを強化した。署長たちは、死亡事故が起きると本部の交通部長から「何をやっている」と叱責され、戦々恐々としていた。なかには、病院に搬送された負傷者が24時間以上生存してくれたと喜ぶ署長もいた（事故死亡者の統計では、事故による被害者等が事故発生から24時間以内に死亡した場合に死亡事故としてカウントされる）。

しかし、北海道警は、翌年は再びワースト１に転落して、以降、１９９１年を除く15年間ワースト１が続いた。

当時、北海道警とワースト１の座を争っていたのは愛知県警だった。その愛知県警は、２０１３年２月に１９９１年以降21年間の交通事故による死者・負傷者数に計上漏れがあったとして交通事故統計を修正した。千葉県警や佐賀県警でも軽微な人身事故の過少計上が発覚している。

冷静に考えると、交通事故にしろ、犯罪にしろ、警察力だけでコントロールすることはできない。組織体制を強化し、人海戦術を展開したとしても、交通事故や犯罪の発生件数の膨大さから考えても警察力は微々たるものだ。しかも、そうした体制を長くつづけることなど不可能だ。そんなことは、キャリア官僚をはじめ上層部は百も承知だったはずだ。国民は交通死亡事故の抑止も街頭犯罪の抑止も国民の誰もが反対できないスローガンだ。国民は警察権力のこうしたスローガンに隠された真の狙いを見極める必要がある。

安全・安心なまちづくりのキャンペーンも同じことが言える。その背景には、警察権力の強化方針が見え隠れしている。

警察の現場は、上層部ができないことをやろうとすれば、キャンペーンの辻褄を合わせるために、統計を誤魔化すか、違法捜査で偽りの実績を稼ぐかしかない。

警察官僚をはじめとする上層部は、過去に同じ失敗を繰り返しているのに、何の反省もしていない。彼らが警察の独りよがりの思い上がりに気が付かない限り、警察はこれからも同じ過ちを繰り返すだろう。権力は腐敗し、自己増殖し、そして、嘘をつく。国民は偽りの統計をつくる組織を信用してはならない。民間企業であれば、とうの昔に倒産している。こうした警察の体質こそが、冤罪等が無くならない最大の要因なのだ。

第9章　警察の権限強化

警察権の拡充・強化の動き

日本体育大学の清水雅彦教授（憲法学）は、１９８０年代末から警察公共の原則等の警察権の限界に関する考え方を緩めようとする議論が警察内部や学者の中にあると指摘している。

筆者は、１９５７（昭和32）年4月、北海道警察に採用され、1年間北海道警察学校初任科で、犯罪捜査等の警察実務、憲法、警察法等の法学等を学んだ。清水氏が指摘する警察権の限界の理論も学んだ。

当時は、現行の警察法が施行されてから3年ほどが経っていたが、警察の権限行使に関する行政法上の考え方としては、以下の4原則があると教えられた。

①警察消極の原則　警察の活動は、公共の安全を維持するという消極的な目的のためには発動される。積極的に社会の福祉の増進のためには発動できない

②警察公共の原則　警察の権限は、公共の安全に直接関係のない私生活や民事関係に関与しない

③警察責任の原則　**警察の権限は違法状態に責任がある者に対してだけ発動される**

④警察比例の原則　**警察手段は、違法状態の是正のために必要であり、その目的と手段が比例していなければならない**

この4原則は学問上の話として忘れられがちだが、犯罪捜査を含めた警察のあるべき姿を原点に戻って考えるとき、貴重な示唆を与えてくれる。

清水氏の指摘を裏付ける記述が、警察学校初任科で使われている教科書「警察法」にある。

それによると、警察の活動に関する「理論上の限界」として、「警察権の限界論」が行政法学者によって主張されてきたとしたうえ、先の4原則のほか、⑤として、警察急状権による例外（③及び④については、緊急状態のため必要とされるとき、「警察急状権」の発動として、その制約を超えることが許される）という原理が働くとしている。

そのうえで、「このような学説は、戦前において、憲法上の人権保障の程度が低く、広範な権限が警察をはじめとする各行政機関に与えられており、特に公共の安全と秩序の維持を目的とするものについては、行政執行法のように、法律の規定自体があいまいで行政機関に幅広い裁量を認めているようにみえることから、これに歯止めをかけることが必要であるとして考案されたものである」と教えている。

さらに、「この『警察』という用語は、『学問上の概念』であって、他の行政機関の活動であっても上記の定義に該当したものであればこれに含まれる。戦後の警察改革によって、従来学問上の『警察』の一部とされた各種の行政事務が、警察から他の行政機関に移され（例えば、消防、衛生、建築規制）、他方、現実の警察の活動においても、国民の権利・自由を制限せず国民の協力を得て行政目的を達成しようとすることが広く行われるようになったため、現実の警察の事務の範囲と学問上の『警察』との差は極めて大きくなり、同じ『警察』という言葉で呼ぶこと自体が今日では不適当となっている。」としている。

つまり、警察権の限界の理論の否定である。この理論は大事なことが忘れられている。それは、警察は権力であり、権力は腐敗し、暴走し、自己増殖するという権力の本質に触れていない点だ。

現実の警察は、裏金、冤罪、警察官犯罪といった三大腐敗現象に塗れている。清水氏がこうした動きが始まったとする1980年代末とは警察にとってどんな時代だったのか。

平成元年版警察白書は、特集として「暴力団対策の現状と課題」を掲載している。その流れの中で、1992（平成4）年「暴力団員による不当な行為の防止等に関する法律」（以下「暴力団対策法」）が施行され、暴力団対策に行政的手法が導入された。

２０００年にはストーカー行為等の規制等に関する法律が、２００１年には配偶者からの暴力の防止及び被害者の保護に関する法律が施行された。これは、それまでの警察公共の原則を一歩踏み出したものだ。

行政警察・司法警察区分不要説や事前捜査積極説という議論も浮上しているという。

日本大学大学院の加藤康榮教授によると、「警察の活動（作用）は、（中略）従来から、その職務内容に応じて行政警察と司法警察とに区分してその活動範囲・内容が論じられてきたところ（中略）近時はこのような区分論に対しては、区分不要説が当初、主として警察実務家から議論されるようになった。一方、現実の捜査手法も従来のおとり捜査のほか、コントロールド・デリバリー、テレビカメラによる犯罪監視、薬物犯罪等捜査に対する検証令状による通信傍受及びその法制化への発展などの例がみられる。そして、更には将来発生する蓋然性の高い未発生の犯罪に対する事前対策が、一般的な行政警察活動として行われるだけではなく、進んで、捜査対象として、それも任意捜査にとどまらず、その対象に対する捜索・差押え・検証等の強制捜査を行う必要性・有効性が議論されるまでに至っている」（「行政警察活動と犯罪の事前捜査」）。

この警察実務家とは何者か？　おそらく警察庁のキャリア官僚だろう。暴力団対策法、後に説明する「組織的犯罪処罰法」、「犯罪収益移転防止法」等の組織犯罪対策関連法、そして、2013年には特定秘密保護法が施行され、通信傍受法の改正による通信傍受対象犯罪の拡大は目前に迫り、さらには、共謀罪の制定も取りざたされている。警察キャリア官僚らによる権限拡大はとどまるところを知らない。

警察と暴力団の関係を一変させた暴対法

平成26年版警察白書によると、暴力団構成員等（準構成員を含む）の数は、2013年には5万8600人にまで減少し、山口組への一極集中状態が続き、その山口組の傘下組織の一つである弘道会が、山口組を事実上支配しているとしている。

1992年施行の暴力団対策法は、暴力団の反社会性を社会的に認知させるとともに、都道府県公安委員会が指定する暴力団については、暴力団員の暴力的要求行為を広く禁じるなど、警察の暴力団壊滅作戦に初めて行政命令等の行政的手法を取り入れ、警察の権限が拡大された。同法は、憲法の「結社の自由」を不当に制限するとの主張がある。私も同法の運用について疑問がある。

第一に、同法では、「暴力団員」の定義について「暴力団の構成員をいう。」としているだけで、構成員の認定基準については、対象となる暴力団の規制逃れを阻止するためと称して公にされていない。在職中の経験からすると、警察の暴力団員の認定はかなり恣意的で、ときには、暴力団犯罪の検挙実績を上げるため暴力団員ではない者を暴力団員として計上する風潮さえあった。警察の現場における認定がどの程度厳密かつ公正に行われるのか、甚だ疑問だ。

第二に、暴力団の指定をはじめ、暴力的要求行為の中止命令、事務所の立ち入り検査等の広範な権限を都道府県公安委員会に与えているが、前述のように公安委員会は事実上形骸化しており、こうした権限の発動は公安委員会の名前の下に実際は警察が行う。つまり、これも警察の権限の拡大なのだ。警察による恣意的な運用の恐れがある。

第三に「警察は暴力団をどう見ているか」だ。「やくざに人権なし」とばかりに、令状なしの捜索・差押、強引な取り調べが頻繁に行われてきた。暴力団を反社会的団体とする世論を背景にしながら暴力団壊滅に藉口した過剰な運用が行われる恐れが多分にある。

そして第四は、行政手法の導入により、暴力団壊滅作戦が安易な方向へ進んだことだ。

暴力団対策法が施行されても、警察は対外的にはそれまでと同じように暴力団の資金源を断ち、武器を摘発し、暴力団のトップや最高幹部の検挙を徹底的に行い、暴力団組織を壊滅すると称してきた。しかし、警備・公安警察の衰退に見られたように、暴力団対策でも警察が視察、取り締まり対象にしている個人・団体の活動が沈静化し、その団体が壊滅的打撃を受けることは、警察にとって必ずしも好ましいことではない。それは、人員、予算の削減、場合によっては権限の縮小につながるからだ。

低迷する暴力団犯罪の摘発

平成26年版警察白書によると、2013年中の暴力団構成員等の総検挙件数は4万3345件、検挙人員は2万2861人で、10年前の2004年と比べると6464人、22・0％の減少だ。何故、減少したのかについて、警察庁は説明していない。取り締まりの対象になる暴力団構成員等の数が、32・6％も減少しているから、検挙人員が減少するのは当然だともいえる。

問題はその内容だ。

暴力団構成員等の犯罪で最も多いのは、有力な資金源犯罪とされる覚せい剤取締法違反の6045人（26・4％）と過去10年の平均を下回り、必ずしも成果を上げていない。平成26年版警察白書は、詐欺の検挙人員が占める割合が増える傾向にあるので、暴力団が資金源獲得活動を変化させているのではないかと指摘している。

警察では、最大規模で悪質とされる山口組・弘道会及びその傘下組織に対する取り締まりを推進し、2013年中は、山口組直系組長8人、弘道会直系組長10人、弘道会直系組織幹部31人を検挙したという（警察庁「平成25年の暴力団情勢」）。首領・幹部らの検挙がこの程度に止まっているのをみても警察の暴力団壊滅のための頂上作戦が成果を上げているとは言えないだろう。

伝統的資金源獲得犯罪のうち覚せい剤以外の恐喝、賭博、ノミ行為等の２０１３年中の検挙人員は、２００４年と比べて、いずれも減少している。これらの伝統的資金源獲得犯罪の検挙人員は暴力団構成員等の総検挙人員の概ね35％前後で推移しているとされ、警察庁はこれらの犯罪が暴力団の有力な資金源となっているとしているが、ほかの7割近い資金源については明らかにしていない。

暴力団壊滅作戦の主要な柱である暴力団からのけん銃の押収は、國松孝次警察庁長官がけん銃で狙撃された１９９５年の１３９６丁が最高で２０１３年中はわずか74丁に過ぎない。

警察の暴力団に対する検挙活動は低迷の一途をたどっている一方で、警察の暴力団壊滅作戦の権限は、ますます拡大されているのである。

山口組壊滅作戦

こうした状況に危機感を持ったのか、２００９年6月に就任した安藤隆春・警察庁長官は「弘道会の弱体化なくして山口組の弱体化なし。山口組の弱体化なくして暴力団の弱体化なし」と全国の警察に日本最大の暴力団山口組の中核組織である二代目弘道会（本部・名古屋市）の徹底検挙を指示した。

当時、6代目山口組の司忍（篠田建市）組長は、2005年11月に銃刀法違反の罪（懲役6年）が確定し服役中だったが、2010年11月18日、京都府警は山口組のナンバー2の髙山清司若頭（二代目弘道会会長）を多額恐喝容疑で逮捕。同年12月1日、大阪府警は山口組ナンバー3の入江禎総本部長を、組員に対する報奨金供与（暴力団対策法違反）で逮捕。さらに同月、長野県警が弘道会幹部を融資に絡む詐欺容疑で逮捕した。

これらの一連の逮捕は、山口組に対する頂上作戦といえるが、髙山若頭逮捕についての記者会見で安藤長官は、「これで山口組に多大な打撃を与える。これを突破口にして資金源である関係企業や共生者の摘発を図る」と大見得を切った。

しかし、その後、服役中だった司忍組長は2011年4月に刑期を終えて出所、入江総本部長は、同年3月に執行猶予つきの有罪判決（懲役10月）を受け服役しないまま事件は終了、髙山若頭は、2014年5月最高裁への上告を取り下げ、6月30日、収監された。

2015年夏ころから、山口組分裂の動きをマスコミ等が報じ始め、「山健組」や「宅見組」等の14団体が新組織「神戸山口組」を結成、山口組は分裂した。こうした動きに対して、警察庁は9月2日、全国の警察本部の暴力団対策担当課長らを集めて緊急の会議を開き、「過去に一般人が巻き込まれる抗争が起き、市民生活の脅威となる事件が発生している」として、情報収集や暴力団事務所などの警戒、取り締まりの強化を指示した。その直後から山口組幹部の逮捕のニュースが続いている。

「プロ野球やサッカーワールドカップをめぐる常習賭博の疑いで、指定暴力団山口組系組幹部ら3人を逮捕、送検」「山健組最高幹部ら2人を知人名義で銀行から住宅ローンを受けたとして、詐欺容疑で逮捕」「山健組傘下の組事務所のインターホンを壊したとして、暴力行為法違反（器物損壊）の疑いで、山口組弘道会幹部ら弘道会系組員7人を逮捕」「架空の会社を登記したとして電磁的公正証書原本不実記録・同供用の疑いで指定暴力団山口組最高幹部ら2人を逮捕」「神戸山口組の幹部を、車を他人の名義で登録していたとして電磁的公正証書原本不実記録・同供用罪の疑いで逮捕したが、神戸地検は略式起訴」「高齢者を狙った架空の株取引で詐取した金を受け取った疑いで山口組系暴力団の幹部を逮捕」

わずか2ヵ月ほどでの逮捕ラッシュだが、ではなぜこれまで山口組の事件が検挙できなかったのか、また、こうした事件の摘発が予想される対立抗争事件や山口組の壊滅にどのくらい効果があるのかという素朴な疑問もわく。

さらに、懸念されるのは、新たに出現した「神戸山口組」を指定暴力団に指定するために必要な要件を満たすかどうかの判断に時間がかかる恐れがあることだ。組員らの活動を規制する「暴力団対策法」に基づく暴力団の指定には、①犯罪歴のある構成員の比率が一定以上あること、②暴力団の威力を利用して資金を獲得していること、③組長を頂点とする階層的な組織を持つことの3要件が必要だ。山口組に関する情報収集が困難化している現状では、その実態解明には相当の時間がかかるとみられる。

暴対法が適用できなければ、公安委員会は、みかじめ料要求や、交通事故など示談介入行為による金品要求といった不当要求の中止命令などが出せないし、対立抗争時の組事務所の使用禁止命令も出せない。つまり、警察は暴力団対策の主要な手段となった武器を使えないことになる。

暴力団対策でもアンテナを失った警察

こうして見てくると、警察による暴力団の組織犯罪の摘発が必ずしも功を奏しているとも思えない。それにはいくつかの要因が考えられる。

その一つは、これまでも指摘したように、警察、とりわけ刑事警察部門においては、組織犯罪を摘発するため必要な情報収集のための組織的なシステムが構築されていなかったうえ、情報収集のアンテナ不足の状態が放置されていることがある。

暴力団対策法や組織的犯罪処罰法が施行されるに及んで、山口組側も次第に警察への強硬姿勢を強め、「警察官と接触しない」、「警察に人や物を出さない」、「警察官を事務所に入れない」という「三ない主義」を打ち出した。弘道会も同様で逆に警察情報を収集するなど「反警察志向」が強いという。

現場の警察官による情報収集をめぐる不祥事も後を絶たない。

2011年2月、北海道警刑事部組織犯罪対策局・組織犯罪対策課の警部補が知人の男性に頼まれ、この男性の知人の犯罪歴を教えたとして、この知人男性とともに地方公務員法（守秘義務）違反で逮捕された。警部補はけん銃摘発のほか、暴力団情報の収集にあたっていたとされ、知人男性から現金を受け取ったとして収賄で再逮捕されている。この問題では、北海道警の刑事部組織犯罪対策局・捜査第4課統括官の警部が道央道で事故を起こし死亡した。

九州では暴力団によるとみられる一般企業への襲撃事件が多発しているが、そんな最中の2012年7月にも、福岡県警の銃器捜査など暴力団捜査を担当する東警察署刑事第2課の警部補が、暴力団工藤會関係者から捜査情報を漏らした見返りに現金を受け取った疑いで逮捕された。

こうした警察の情報収集活動にまつわる捜査員の不祥事や犯罪に対して、警察は再発防止のためと称して、暴力団関係者との接触に際しての事前・事後報告の徹底、単独接触の禁止など捜査員に対する管理を強めているという。こうした締め付けは捜査員の暴力団情報の収集に対する意欲を失わせ、無理に危ない仕事に手を出してケガをする必要もないという姿勢を生み出すことになる。

情報収集に関連した不祥事はその後も続いている。

2013年9月、愛知県警捜査1課の警部が、指定暴力団山口組弘道会の周辺者に捜査情報を漏えいしたとして地方公務員法（守秘義務）違反の疑いで逮捕。

2014年1月、和歌山県警刑事部組織犯罪対策課情報係の警部補が、山口組系暴力団組長に捜査情報を漏らした疑いがあるとする地方公務員法（守秘義務）違反で書類送致。

2015年10月、北海道警札幌中央署の組織犯罪捜査を担当する警部補が山口組系暴力団幹部らに詐欺事件逮捕予定日等の情報を漏らしたとする地方公務員法違反（守秘義務）が発覚。

「組織犯罪対策局」といった組織は作られたが成果を上げているとは思えない。警察が本気で組織犯罪対策を考えるなら、情報収集の法的な根拠を明確にするとともに必要な情報収集とその管理システムを確立するべきだろう。実績が低迷しているから権限を強化させてくれというのでは国民は受け入れてくれない。暴力団犯罪の捜査では、ベテランの捜査員が、日ごろから暴力団幹部らと面談し、事務所には自由に出入りして暴力団情報を入手していた。対立抗争事件が起きても関係の暴力団との間で手打ちを行わせ、けん銃持参の組員を出頭させるというやり方は当たり前のように行われていた。

都道府県警察の暴力団犯罪捜査担当課等の捜査員に対する調査では、93・0%の捜査員が、暴力団犯罪の捜査は困難だと感じていると回答している。その理由は、「犯罪が潜在化しがちで事件の端緒をつかむのが困難」、「活動実態が不透明化し、上位者の関与等の実態解明が困難」、「犯罪手口の多様化・高度化で捜査内容が複雑化」などである（平成20年版警察白書）。

暴力団犯罪捜査のプロである捜査員が、暴力団の情報が取れないと言っているのだ。

2011年4月、山口組六代目組長が府中刑務所を出所したが、北海道警は組長が、9月に2泊3日で北海道入りした事実を事前に把握できなかった。この情報を事前に取れなかったことについて、北海道警組織犯罪対策課は相当なショックを受けたようだが、北海道警だけではなく、山口組が本拠を置く神戸市を管轄する兵庫県警も情報が取れなかったに違いない。

このように、警察の暴力団情報収集活動の低調さが、組織犯罪の摘発の隘路《あいろ》になっているのだ。今後、追い込まれた暴力団は一層潜在化し、擬装しながら合法企業に進出し、警察は一層暴力団情報が取れなくなるだろう。こうした状況が続くと、組織的犯罪の摘発だけではなく、暴力団あるいは暴力団員の認定やその実態把握にも支障が出る。そうなると暴力団対策法や暴排条例の運用さえ危なくなる。

市民や企業の情報に頼る暴力団包囲網

２０００年２月に施行された「組織的な犯罪の処罰及び犯罪収益の規制等に関する法律」（以下「組織的犯罪処罰法」）は、暴力団・テロ組織等による組織的な犯罪に対する刑罰の加重と、犯罪収益のマネーロンダリング行為の処罰、犯罪収益の没収・追徴などを定める。マネーロンダリングとは、犯罪によって得た収益を、その出所や真の所有者を隠して捜査機関による収益の発見・検挙を逃れようとする行為であり、組織的犯罪処罰法及び麻薬特例法で犯罪行為とされている。

さらに２００８年、マネーロンダリング対策の実効性を担保する法律「犯罪による収益の移転防止に関する法律」（以下「犯罪収益移転防止法」）が全面施行された。この法律は、前述の通り金融機関等の特定事業者に取引時の顧客の本人確認、取引記録保存及び疑わしい取引の届出等の義務を課す。関係行政機関に届けられた情報は、国家公安委員会・警察庁に集約され、都道府県警察に提供される仕組みだ。

平成26年版警察白書によると、2013年中におけるマネーロンダリング事犯の検挙事件数は、組織的犯罪処罰法違反で272件(前年比34件増)、麻薬特例法違反で10件(同1件減)であり、暴力団構成員等による組織的犯罪処罰法違反が27・6%を占めている。

銀行等の特定事業者は、犯罪による収益である疑いがあり、又は顧客等が特定業務に関し組織的犯罪処罰法第10条の罪若しくは麻薬特例法第6条の罪に当たる行為を行っている疑いがあると認められる場合においては、速やかに、行政庁に届け出なければならない(犯罪収益移転防止法8条)とされている。平成26年版警察白書によると、2013年中に関係行政機関から国家公安委員会・警察庁に寄せられた「疑わしい取引」の件数は34万9361件に及ぶという。都道府県警察はこれを端緒として962件を検挙したというが、暴力団壊滅作戦でアンテナを失った警察としては、まさに、地獄に仏だろう。同法は、暴力団排除対策に金融機関等の民間企業を巻き込んだものだ。これも警察権限の重大な拡大に他ならない。

2013年発覚したみずほ銀行暴力団融資事件では、自動車を購入した暴力団員へのローンにかかわったとして、みずほ銀行の会長、頭取らが退任する事態となった。同年11月15日付の朝日新聞は、「大手銀行6行すべてで、銀行本体での貸し出しにも暴力団組員らへの融資があることがわかった」と伝えた。こうしたマスコミ報道に異常さを感じたのは筆者だけだったろうか。

こうした、社会から反社会的勢力は排除するべきだとする警察が中心となった暴力団排除キャンペーンが繰り広げられ、2011年10月1日、東京都と沖縄県でも暴力団排除条例（以下「暴排条例」）が施行され、全都道府県で暴排条例が出そろった。この条例は都道府県条例の形をとってはいるが、警察庁の主導の下に進められた、暴力団壊滅作戦の一環であることは間違いない。暴力団対策法は暴力団そのものを規制対象としていたが、排除条例では暴力団に接触する一般市民をも取り締まることになる。つまり、暴排条例は警察が暴力団壊滅作戦の戦場に丸腰の企業や市民を引き込んだことになる。

東京都の暴排条例では、東京都公安委員会が暴力団の利益となる行為を繰り返す者を「密接交際者」として認定し、違反した場合は勧告・公表・命令・罰則が科されるという内容だ。これにより「密接交際者」に該当すれば、金融機関からの融資（ローン）を受けたり当座預金の開設ができなくなったり、住宅の賃貸契約もできなくなるよう、関係機関が各業界団体に働きかけているとの報道もある。

警察による暴力団構成員等の認定が曖昧なうえに、公安委員会の現状では、「密接交際者」の認定などを事実上は警視庁が行うことになり、やり方によっては善良な市民の日常生活にも影響を及ぼすおそれがある。暴排条例は基本的人権を侵害する憲法違反ではないかという批判も出てくるのは当然だろう。

警察は、暴力団との関係遮断を図るなど暴排活動に取り組んでいる事業者には、契約相手が暴力団関係者かどうかなどの情報を、個々の事案に応じて可能な限り提供するとしているが、これも国民に必要以上の負担を強いていることになる。

それだけではない。暴排条例や犯罪収益移転防止法が施行されて以降、一般国民や民間企業を対象とする暴力団等によるとみられる銃器発砲事件等が発生し、その多くが未解決になっている。

こうした事態が続くと、企業や市民から警察への情報の提供は望めない。情報がない警察は事件の検挙ができない。そして事件が繰り返されるという「悪循環」になりかねない。市民や企業を巻き込んだ暴力団対策は、警察の権限強化とそれに伴う警察の新たな利権を生み出したに過ぎない。

特定秘密保護法も警察の権限強化法

警備・公安警察が所管する「特定有害活動の防止に関する事項」と「テロリズムの防止に関する事項」を警察庁長官が特定秘密に指定するとした「特定秘密の保護に関する法律」(以下「特定秘密保護法」)が成立し、2014年12月に施行されている。

同法では、警察庁長官に様々な新たな権限を付与しているが、ここでいう「特定有害活動」と「テロリズム」とは何かを考えてみよう。

警察内部では「特定有害活動」を「対日有害活動」と呼んでいる。代表的なのは「スパイ活動（諜報活動）」だ。外国が自国の外交上、防衛上あるいは財政上必要な情報を非公然・非合法手段で収集する活動だ。このほか、我が国の政・財界、マスコミ等影響力を有する者への諸工作活動も含まれる。北朝鮮による拉致事件も北朝鮮による諸工作活動の一つだとされている。

「テロリズム」とは、警察庁組織令で「広く恐怖又は不安を抱かせることによりその目的を達成することを意図して行われる政治上その他の主義主張に基づく暴力主義的破壊活動をいう。」とされている。

これらはいずれも警備・公安警察の所管である。

同法で、見逃してはならないのは、秘密漏えい罪等（23条）の捜査を警察、警備・公安警察が担う点だ。そのほか、特定秘密取扱者の適性評価制度は、特定秘密保護法を所管することになるであろう警備・公安警察の情報収集活動にも新たな権限を付与することになる。特定秘密保護法は明らかに警察権限、とりわけ警備・公安警察の権限強化法だ。

日本の警察は、都道府県を単位とする自治体警察の形をとりながら、国の警察機関である警察庁が支配する事実上の国家警察であることは既に説明した。

特定秘密保護法は、長官が都道府県警察の保有する情報を特定秘密に指定、特定秘密を取り扱う職員の範囲を指示するほか、警察本部長にその適性評価を行わせ、特定秘密を提供させるなど、我が国の警察が国家警察であることを一層露わにした。

特定秘密保護法の問題をマスコミが本格的に報じ始めたのは、法案が国会に提出された2013年秋ころからだったと承知している。しかも、この法律が、戦前の特別高等警察の再来も心配されるのにも拘わらず何故か同法と警察との関係に踏み込んだ報道は多くはなかった。

特定秘密保護法による秘密漏えい罪の罰則は、これまでも階級制度の下で抑制されがちであった現場の警察官の内部告発をさらに抑制する心理的効果を生み、オンブズマン活動や各種の市民運動家らによる情報開示請求にも影響を及ぼすことが考えられる。

さらに言えば、警察記者クラブ制度による警察のコントロール強化により低迷するマスコミの調査報道は一層抑制されることが予想される。

また、同法の罰則は、公務員だけに適用されるのではない。特に、共謀、教唆、扇動行為の罰則は広く国民にも適用される。

例えば、拉致問題も北朝鮮との交渉次第では、現在は公開されている情報も特定秘密に指定される可能性がある。原子力発電所は警察の重要防護対象の施設だ。都道府県警察の機動隊の特殊部隊が24時間体制で警備している。その警備体制などは間違いなく特定秘密の「テロリズムの防止」に関する特定秘密に指定される。こうした対象に対して情報公開法による情報開示請求をした場合にはどうなるか。

何が特定秘密なのかを知らされないまま、情報開示を求める国民は危険に晒されることになる。同法が権力機関たる警察の更なる腐敗と暴走の危険性を高めるのは確実だ。同法により警察の隠蔽体質は強まり、警察行政の闇は一層深まるだろう。

２０００年7月、続発する深刻な警察不祥事を受けた民間有識者による「警察刷新会議」の「警察刷新に関する緊急提言」は、「犯罪捜査の秘匿性を強調するあまり、警察行政が閉鎖的になるとともに、本来公開すべき情報が公開されないおそれがある」と指摘、「警察は情報を秘匿しようとする体質を改め、情報公開に真剣に取り組むべきである」と提言した。

行政機関としての警察の情報については、２００1年4月、行政機関の保有する情報の公開に関する法律が施行され、国家公安委員会と警察庁も実施機関となった。都道府県公安委員会と警察本部長もそれぞれの条例で実施機関となった。情報公開制度では、実施機関は原則として保有する情報を開示する義務がある。しかし、「国家公安委員会・警察庁における情報公開法審査基準」では、警察の保有する情報のほとんどが不開示情報となっている。「個人情報」をはじめ、「国の安全等に関する情報」「公共の安全等に関する情報」などを、犯罪を誘発し犯罪の実行を容易にするおそれがある情報として不開示情報とされている。不開示情報の多くは、特定秘密保護法の特定秘密の指定対象の「特定有害活動の防止」と「テロリズムの防止」とほぼ重複する。警察はこれまでも国民の情報開示請求を様々な理由で拒否してきた。情報公開法をもう一つの秘密保護法とする所以だ。

警備・公安警察の実態と特定秘密保護法

特定秘密の指定対象である「特定有害活動の防止」と「テロリズムの防止」の業務は、戦前の悪名高い特高警察の流れを汲むとされる警備・公安警察が担当することになる。

その公安警察の最大の任務は、外国諜報機関のスパイ活動をはじめ、日本共産党、労働組合、市民団体（反戦、脱原発、オンブズマン等）、宗教団体（アレフや世界基督教統一神霊協会等）、右翼団体、極左団体（革マル派、中核派等）等を視察・監視し、それらに協力者（スパイ）を獲得し、情報を入手することにある。警備・公安警察は、既にこうした視察・監視団体や個人に関する膨大なデータを蓄積している。

警察が情報公開に極めて消極的であることは先に指摘した通りだが、公安警察は警察内部でもその実態はほとんど知ることはできない。警備・公安警察が警察庁の直轄部門であることもその特徴だ。

一時は隆盛を誇った公安警察も、東西冷戦の終結等の内外情勢の変化にともなう監視対象の衰退などから弱体化が進んでいた。

警備・公安警察が再び息を吹き返したのは、アメリカにおける「9・11」事件だ。警察庁は「我が国は大規模・無差別テロの脅威に直面している」として、外事警察の体制を強化し、都道府県警察に対して、様々なテロ対策の強化を指示している。

ところが、前にも少し触れたが警備・公安警察の闇の実態が白日の下にさらされる事態が起きた。2010年10月、警視庁公安部外事第3課の国際テロ情報に関するデータ計114点がインターネット上に流出したのだ。これにはイスラム教のモスクの視察結果を記載した「要警戒対象視察結果報告」、在日イスラム教徒の国籍、顔写真、勤務先、家族構成、立ち寄り先などの詳細な個人情報が含まれる「容疑解明対象者個人台帳」等、在日イスラム教徒をテロリストの予備軍として監視対象としていた事実が記載されていた。

「イラン大使館の給与振込状況等の判明について」と題する文書には、大使館職員50人分の給与振込銀行の口座番号、振込金額が記載されていた。これも刑訴法197条2項の「捜査関係事項照会書」によるものだろうが、職員にいったいどんな具体的犯罪容疑があったのか、まさに捜査権の濫用の疑いがある。

このデータを流出させたのは警察関係者だろう。地方公務員法（守秘義務）違反は時効になったが、特定秘密保護法の施行後であれば、特定秘密漏えい罪に問われたはずだ。事実「秘密保全のための法制の在り方に関する有識者会議」の報告書の資料には、本件が尖閣沖漁船衝突事件に係る情報漏えい事案等とともに、公務員による情報漏えい事件とされている。

この問題については、2011年5月、イスラム教徒らが、イスラム教徒全体を対象とする警察の情報収集活動は、憲法の信教の自由、平等権（同14条）を侵害するなどとして、東京都（警視庁）等を相手取って、国賠訴訟を提起して勝訴したが、国際テロが発生する危険が十分に存在するとしたうえで、情報収集自体の違法性は認めなかった。

2014年7月、同じような問題が岐阜県で発覚した。岐阜県警大垣警察署が風力発電施設建設に反対する住民等4人の個人情報を事業者中部電力子会社の関係者に漏らしていたとされる。市民運動家の一人は「市民の安全を守る警察が、市民を監視する組織になっている」と批判している。

警備・公安警察は、こうした市民運動を違法行為に発展するおそれのある「大衆運動」の一つとしてとらえ、関係者を視察下に置き情報収集の対象としている。

情報収集活動の法的な根拠

警察官の職務執行には具体的な法的な根拠が必要だとされているところ、警察内部では「警察法2条1項が警察活動の一般的根拠としての性質を有する」とし情報収集活動の法的な根拠もここに求めている。これに対して、警察法は組織法であって、権限法ではないから警察官個々の活動の根拠とはなりえないとする主張がある。

警察がその責務を果たしていくために情報収集活動が必要だとしても、警察法2条1項をその法的な根拠とするのは抽象的で曖昧に過ぎ、これが認められるなら、警察は治安維持のためなら何でもできることになる。個人情報の保護に関する法律の趣旨からしても、非公開の個人情報や信教の自由など憲法が保障する基本的人権を侵害するおそれのある情報収集活動には明確な法的根拠が必要だろう。

既に説明したが、警察は個人情報を、捜査のために必要だとするだけで、刑訴法197条2項による捜査関係事項照会によって、情報収集の目的で本人に知られることなく自由に入手している。警察における特定秘密取扱者の適性評価は、警察庁長官と警察本部長が行うとなっているが、実際に担当するのは警備・公安警察だろう。こうした業務は、警察官の採用の際に、人事担当部局と警備・公安警察によって、採用志願者の思想調査として行われている。

しかし、特定秘密取扱者の適性評価の対象は警察職員だけではない。民間の製造業者等で特定秘密の保護のために必要な施設設備を設置している事業者（適合事業者）の役職員、家族（配偶者、父母、子及び兄弟姉妹、配偶者の父母及び子）及び同居人等、その対象はかなり広範囲だ。調査には本人の同意が必要だが、公務員がこれを断ることは事実上不可能だ。調査事項も氏名、生年月日、国籍、住所のほか、犯罪・懲戒歴、情報取扱の非違歴、薬物濫用、精神疾患、飲酒節度、信用状態等と多岐にわたる。この中には、既に警察が保有している情報が数多く含まれている。こうした調査が本来の目的を逸脱して他の行政機関に提供される可能性もある。２０１５年12月、この制度による調査結果が公表された。調査を受けた公務員と民間人は９万７５６０人、うち民間人は２２００人だったという。適性評価制度は、警備・公安警察の情報収集活動に新たな法的な根拠を与え、本来の目的を超えて拡大運用されるおそれがある。

政府が国民一人ひとりの思想や行動を監視し、自由を取り締まるような体制を警察国家と呼ぶ。反戦、反改憲、脱原発等の市民運動、オンブズマン活動等、政府の方針に反対し、批判するような市民運動やマスコミ報道は、警備・公安警察の厳重な監視下に置かれ、捜査の対象となる可能性がある。

特定秘密保護法は警察国家への道を加速させたことは間違いない。安倍内閣は、集団的自衛権の憲法解釈の変更を閣議決定し、２０１５年９月19日に、国会で安全保障関連法が可決・成立した。パリの同時多発テロを機に、共謀罪制定の動きもある。そして、その先には憲法改正がある。

第3部　市民のための犯罪捜査対応策

第10章　警察マスコミの罪

警察報道に自由はあるか

新聞やテレビで犯罪に関する報道が流れない日は滅多にない。犯罪記事の情報の多くは、警察記者クラブを通じてマスコミに提供される。記事の多くは「警察によると」とか「○○署への取材で」などで始まる。犯罪捜査をはじめ強い権力を持つ警察に対して、情報をもらわなければ存在できない警察記者クラブに加盟するマスコミ各社とその記者たちは、最も重要な役割、警察権力の腐敗・暴走のチェックができているのだろうか。

本章では、最近の犯罪報道や警察の犯罪捜査を巡って、警察とマスコミの間で何が起きているのかを検証してみる。

北海道新聞（以下「道新」）と言えば、２００３（平成15）年以降、北海道警の裏金問題のキャンペーン報道で日本新聞協会賞等、大きな賞を総なめにしたことでも知られる。

その道新が、２００６年1月14日、『泳がせ捜査』の記事でおわびしますという記事を掲載した。このおわび記事は、前年3月13日に掲載した、「北海道警察銃器対策課と函館税関が、拳銃摘発を目的に元暴力団員の協力者が覚せい剤１３０キログラムと大麻2トンを密輸入するのを見逃した疑いがある」という記事に対するものだった。道新は、おわび記事を掲載するとともに、この記事を書いた記者らを処分した。

この記事は、果たして、読者に対するおわびだったのだろうか。北海道警に対するおわびだったのではないか。私は、今でもそんな疑問を持っている。

道新がおわび記事を掲載したのは、道新元東京支社部長が経費を私的流用した問題を内々に処理しようとしたことが発覚したことが要因の一つである。2005年3月には、道新室蘭支社の元営業部次長が、業務上横領で実刑判決を受けていた。

道新の道警裏金問題キャンペーン報道で、北海道警は北海道民の信頼を完全に失い、全国にその汚名を知られた。それに追い打ちをかけるような莫大な量の覚せい剤等の輸入事件の報道だった。事実なら、警察の犯罪、北海道警にとっては致命的だった。北海道警は事実無根として、道新に記事の削除を求めた。道新は、当初は拒否した。

しかし、相次ぐ道新幹部の金にまつわる不祥事に、北海道警が報復のチャンスを見逃すわけがなかった。記者クラブを所管する北海道警察総務部広報課長が、記者クラブの道新キャップを通じて、東京支社の問題を刑事事件として捜査を開始する、と伝えた。北海道警は、捜査権を使って道新を恫喝、そして、道新は北海道警に跪いた。しかし、北海道警は捜査に着手することはなかった。

道新に対する攻撃はこれでは終わらなかった。2006年5月、裏金発覚当時、議会対策やマスコミ対応に当たった元北海道警察総務部長が、北海道警察裏金問題のキャンペーン報道を担当した道新の記者らが執筆した2冊の書籍に捏造があり、名誉を棄損されたとして、道新、その記者、出版社らを相手取り訴訟を起こした。その裁判の過程で、元総務部長がこの問題等をめぐり、道新の編集局長や報道本部長が訴訟を回避しようと裏交渉をしていたとして、密かに録音したとする裏交渉の経過を反訳した文書を証拠として裁判所に提出した。当時の編集局長は、裁判所に提出した陳述書で、「道警との極めて厳しい関係は続いており、道内各地の警察取材を担当する現場では、事実上の取材拒否に遭うなど苦戦を余儀なくされていました。（中略）道警との不正常な関係を長く引きずることは、取材の現場の精神的な負担を重くし、日常の紙面にも悪影響を及ぼすことから懸念を抱いておりました。」と記して、裏交渉の最後に謝罪文を作成したことを認めている。

警察とマスコミの良好な関係とは、警察批判はしない、それと引き換えに、情報を提供するという関係なのだ。警察批判は、警察からすれば、飼い犬に手を嚙まれたということになる（以上については、元道新、現高知新聞記者の高田昌幸著『真実』柏書房に詳しい）。

記者たちの多くが、警察記者クラブを通じて提供される情報を基に記事を書いている現状では、警察批判をタブー視する風潮がマスコミ内部に流れていても不思議ではない。

当時の道新裏金取材班の記者たちの何人かは道新を離れ、多くの記者たちは、警察取材の現場からは外されている。道新内部の記者たちに対する内部統制も強まっていると聞く。その後、道新が裏金問題キャンペーンに匹敵する警察批判報道を行ったとは聞かない。

北海道内のマスコミでは、北海道警察を慮ってか、警察批判を続ける筆者に対する取材はタブー視されているらしい。先日、久しぶりに、後述する厚別事件に関連して、某テレビ局の取材を受けた。その時も記者に大丈夫かと確認したくらいだ。そう言われてみると、警察官の不祥事などに関して取材を申し込んでくるのはほとんどが道外のマスコミだ。

記者クラブの日常

日本新聞協会編集委員会の見解によると、「記者クラブは、公的機関などを継続的に取材するジャーナリストたちによって構成される『取材・報道のための自主的な組織』とされる。記者クラブは、我が国独特のシステムとされ、雑誌、週刊誌など非加盟のマスコミやフリーの記者を排除していることから、排他的だとの批判もある。同見解は、記者クラブを構成する報道機関やジャーナリストは、報道という公共的な目的を共有し、一定の責任と報道倫理の厳守が求められるとし、報道活動に長く携わり一定の実績を有するジャーナリストにも、門戸は開放されるべきである、としている。しかし、現状では警察記者クラブが、非加盟社やフリーの記者たちに開放されてはいない。

警察記者クラブの記者室については、同見解は「常時利用可能な記者室があり公的機関に近接して継続取材ができることは、公権力の行使をチェックし、秘匿された情報を発掘していく上でも、大いに意味のあることです。」と説明している。記者室は、警察本部あるいは大警察署の庁舎内、広報課の隣りに置かれることが多い。昔は施設使用料も免除され、記者クラブの雑用を扱う女性の警察職員が置かれていたが、現在は記者室の使用に伴う諸経費は、「報道側が負担する」ことになっている。そこを拠点に、記者クラブ加盟各社の記者たちがサツ回りと称して取材をしている。

警察の広報担当者（窓口）は、警察本部の各課の次席（警視）、警察署では副署長（警視）とされ、日常の記者との対応に当たる。警察本部の広報課は、警察本部の記者クラブとの連絡、調整や各社の記事のチェックを行っている。警察に対する批判記事などに対しては、広報課が記者クラブのキャップと呼ばれる記者に対して、説明を求めたり、記事の削除・訂正要求、謝罪要求なども行う。

加盟各社の記者たちは、日に何回か広報担当者を訪れ取材をする。昔は記者たちが、警察署の各課に自由に出入りし、直接、課長等から取材していたが、現在は、各課への出入りは禁止され、接触できるのは広報担当者だけのようだ。警察の意に沿わない記事を掲載した社に対しては、取材拒否、出入り禁止などの措置が取られる。

事件、事故の情報は、広報担当者から発表という形で各社の記者らに伝えられる。北海道警では、事件の被疑者を逮捕したときには「報道メモ」という形の文書で発表される。「報道メモ」には、被疑者の住所、職業、氏名、年齢、そして犯罪事実が記載されている。被疑者が自白しているかどうかも説明される。

捜査本部事件等の重要事件では、記者会見が行われる。記者会見は、原則として、記者クラブが主催し、その月の幹事社の責任者（キャップ）が仕切るのが普通だ。警察側からは、重要事件等の捜査本部事件であれば、捜査第1課長、署長等が、重大な警察官の不祥事であれば警察本部の監察課（室長）や警務部長等が出席し、参加した記者からの質問に答える形で進められる。

不正確な警察情報に依存する記者たち

記者会見での警察発表や報道メモの内容は、そのまま記事になることも多い。過去にも、警察の捜査が誤っていたり、裏付け捜査が不徹底だったため、誤認逮捕だった事例をそのまま報道、結果的にマスコミが誤報するケースもある。小樽事件のように、逮捕・勾留された被疑者が嫌疑不十分で不起訴になることもある。

スウェーデンの「ダーゲンス・ニーヘーテル紙（約35万部）」のベテラン犯罪担当、ステファン・リシンスキー記者は、警察情報についてこう話している。

「警察の捜査段階では、あいまいな情報が非常に多く、とくに初期の情報は完全な間違いが多々含まれている。だから、事件の内容を正確につかむには、起訴後に弁護士や検察官に取材した方が確実だ。これは小学生でも分かる理屈だと思う。われわれが報道すべきものは、事件の社会的意味や背景、司法プロセスが適正かどうかなどであって、捜査段階の不正確な捜査情報ではない。」（朝日新聞出版「Journalism」２００９年5月号　高田昌幸）

いつも、締め切り時間に追われる現場の記者たちは、警察が提供する情報に対して、疑問を持ったとしても、その裏付け取材をする余裕もあまりない。警察発表をそのまま本社（デスク）に送り、その指示を受けて取材に走り回ることになる。

筆者は、今でも新聞記者たちと懇談する機会がある。若い記者が多いせいか、警察組織の実態に関する知識が浅いし、刑訴法など捜査の基本に関する研究も不足しているように思える。警察から「報道メモ」等で、情報を独占的に提供される。そうした利益供与と引き換えに、警察に対する批判や捜査に対する疑問追及をしない。記事には書かない。書けば、警察に取材を拒否されたり、警察署等への出入り禁止になるからだ。

こうした警察情報への過度の依存は、記者たちに各社横並び意識を生み出し、そのことが、記者の取材力の低下につながっているとの指摘もある。そうして、自らの頭と足で調査し警察権力の不正を暴き出すという調査報道が次第に影を潜めていっているように思えてならない。

長く、警察取材を経験したサツ回りの記者らは、警察幹部との間に人脈が出来上がる。知らず知らずのうちに、警察に対するシンパシーを抱くようになる。そうした警察シンパが報道部の中枢部に座れば、若い記者の書いた警察批判の原稿はボツになる。警察にとっては、マスコミにそうした人脈があれば、マスコミをコントロールすることは容易だ。

安易な監視カメラ画像の公開

２０１４年８月、東京都内の古物商が、万引きの犯人と思われる人物の監視カメラ映像を公開しようとして、警視庁の要請を受けて公開を中止したとするニュースが話題を呼んだことがある。

最近の監視カメラの急速な普及に伴い警察の捜査で監視カメラ映像が頻繁に使われていることは既に説明したが、最近では、警察がコンビニなどから入手した監視カメラ映像の人物の身元を割り出すため、その画像をマスコミなどに提供して公開するケースが目立つ。2013年7月2日付の北海道新聞には「札幌市内2事件容疑者画像公開」なる記事が載った。

4月のひき逃げ事件の防犯カメラに映った女の画像（札幌西署提供）と6月の強盗未遂と窃盗事件の防犯カメラに映った男の画像（札幌中央署提供）だ。記事では、推定年代、体格、着衣等の説明があり、2人とも「容疑者」となっている。

前者は近くのコンビニの、後者は近くのマンションの監視カメラによるものだという。この女性は、画像を見て警察に出頭して、ひき逃げの疑いで逮捕されたが、ひき逃げは不起訴になっている。

監視カメラの画像の人物は、警察が裁判官から逮捕状の発付を受けた訳ではない。指名手配されている訳でもない。凶悪犯でもない。警察はどのような基準で公開するかを明らかにしてはいない。

前にもふれたが警察がコンビニなどから入手する手続きにも問題がある。通常は裁判官が発する捜索・差押許可状ではなく、捜査関係事項照会（刑訴法197条2項）によることが多い。プライバシーを侵害する恐れのあるこうした画像を捜査に利用するなら、少なくとも、令状主義の原則からして、裁判所が発する捜索・差押許可状によるべきだし、さらに、刑訴法を改正して、その手続きを明記するべきだ。

しかし、マスコミは、決して、そうした観点から報道しない。多くの国民は、当然のことのように受け止めている。そのことが繰り返されることによって、警察の「グレーゾーン捜査」が正当化されることになる。それにマスコミが寄与していると言っても過言ではない。

マスコミによる監視カメラ画像の公開の対象は、警察庁が公開捜査の原則としている、指名手配をしている凶悪・重要事件の被疑者ではない。場合によっては、名誉棄損等の犯罪に該当する恐れがあるほか、プライバシーを侵害する不法行為等に当たるとして損害賠償請求を受ける可能性がある。マスコミは、警察が提供するこうした画像をどのような基準と判断で報道しているのか。警察の無原則な「グレーゾーン捜査」に手を貸すような安易な監視カメラ画像の公開は行うべきではない。

実名報道と推定無罪

推定無罪の原則とは、狭義では刑事裁判における立証責任は、検察官にあり、被告人は自らの無実を証明する責任を負担しないという原則を意味する。広い意味では、有罪判決が確定するまでは何人も犯罪者として取り扱われない（権利を有する）ことを意味し（国際人権規約B規約14条2項等）、この原則は国家と国民との関係を規律するもので、マスコミを直接拘束しないとも考えられている。

しかし、一般の市民感覚においては、マスコミが容疑者として報道すれば、その人物は有罪であり犯罪者であると認識する。我が国では、マスコミの被疑者の逮捕報道は、仮に「警察が逮捕したと発表した」という事実を書いた体裁の記事でも、実質は推定有罪とみなすものであり、推定無罪の原則は有名無実化しているのが、現状である。

マスコミは、以前は「○○犯人」と実名呼び捨てにしていたものだが、最近は各社とも横並びで、警察が「被疑者」と発表するのを言い換えて「○○容疑者」と報道している。

呼び捨てを止めたのは、「推定無罪」に配慮したからだろう。だが、呼び捨てだろうと、「被疑者」を「容疑者」と報じようと、実名報道では「推定無罪」への配慮は不十分だ。

警察の動きを報道しつつ「推定無罪」の原則を守るとすれば、逮捕された容疑者を匿名で報道するという方法しか考えられまい。だが、警察が逮捕した容疑者については、マスコミは警察に実名での発表を求め、実名で報道することがほとんどだ。

日本新聞協会は、「警察に実名発表を求める理由を、①事実の核心、②取材の起点、③真実性の担保とし、『実名発表と実名報道は別』として、《報道によって引き起こされるあらゆる問題の責任は、私たち報道機関が全面的に引き受けます》と断言。『実名で報道する意味』として、①訴求力と事実の重み、②権力不正の追及機能、③訴えたい被害者、④

実名の尊厳を挙げた。」（山口正紀氏「犯罪報道と報道基準の変遷」飯島滋明編著『憲法から考える実名犯罪報道』）。

だが、ほんとうに「実名報道」は、警察権力の監視機能を果たしているのだろうか。マスコミは、多くの冤罪事件や誤認逮捕等の隠れ冤罪事件で実名報道された冤罪等の被害を受けた人たちに謝罪しているのだろうか。答えはノーだ。

2011年7月、小樽市内のマンションでアパート経営者の女性（当時81歳）が胸などを刺されて殺害された前出の小樽事件の報道はどうだったか？

北海道警が小樽警察署に捜査本部を設置して、9月17日、被害者と知り合いの不動産会社経営の女性Aさん（当時62歳）を逮捕した。捜査本部は、前日の午前8時30分にAさんに任意同行を求めると同時にAさんの自宅を捜索した。Aさんの自宅周辺にはマスコミ各社が取材に集まっていた。Aさんは、捜査本部の任意の取り調べを受けたが否認、逮捕状が執行されたのは、翌日午前2時34分だった。その日午前6時から、小樽警察署長と道警本部刑事部捜査第1課長が、記者会見で被疑者逮捕を発表した。テレビで見た捜査第1課長の表情は硬かった。

マスコミは、Aさん逮捕を一斉に報じた。もちろん、住所、職業、氏名、年齢を明らかにし、顔写真も載った。Aさんが被害者に1500万円の借金があり、最近、資金繰りに行き詰まっていた、とその動機まで明らかにしていた。たとえば北海道新聞夕刊（2012年9月17日付）。[redacted]がAさんの実名、[redacted]は苗字である。

「小樽署の捜査本部は17日、殺人の疑いで、小樽市[redacted]不動産業[redacted]容疑者（62）を逮捕した。[redacted]容疑者は[redacted]さんから多額の借金をしていたといい、捜査本部は2人の間に金銭トラブルがあったとみて調べている。[redacted]容疑者は『覚えがない』と容疑を否認しているという。」

この女性を逮捕した記者会見で、記者から逮捕の決め手や物証について質問された道警の捜査第1課長は「捜査に支障が出るので答えられない」と答えた（2011年9月17日付読売新聞）。

この2つの記事は、任意の長時間の取り調べの違法性については全く触れていない。警察の違法捜査が問題になっている昨今、記者たちは任意捜査のあり方を検証したのだろうか。もし、そうした点に疑問を持つ記者がいないとしたら、多くの記者が、任意捜査の限界に関する基本的知識も持ち合わせていないことになる。あるいは、警察を慮って警察の嫌がる記事を書かなかったのか。これでは、権力を監視するという新聞の使命は果たせない。

案の定、札幌地検は女性を処分保留で釈放、嫌疑不十分で不起訴にした。

警察が捜査の密行性と推定無罪の原則が求められるなか、被疑者の実名を公表する法的な根拠はどこにあるのか。そして、これを受けたマスコミが、被疑者を容疑者と変えて、実名で報道する意味はどこにあるのか。私には理解できない。

小樽事件で逮捕されたAさんは、経営していた不動産会社も閉鎖せざるを得なかった。不起訴処分では裁判は始まらない。Aさんは無罪を主張することもできない。国賠訴訟を起こす道もあるが、勝てる可能性は極めて低い。Aさんは、釈放後に唯一、取材に応じた地元月刊誌『北方ジャーナル』の記者に、以下のように語っている。

「申しわけないんですけど、本当にメディアは信用できないんです。警察・検察と繋がっているとしか思えないんです。犯人でもないのに、どうして名前とか住所を勝手に流されなきゃいけないんでしょうか。不起訴が決まってからも『ごめんなさい』ひとつないんですよ。テレビには逮捕される前からあとをつけられ、隠し撮りされました。（中略）不起訴が決まった時、記者会見を開こうと（弁護士の）先生に相談したことがあるんですが、その後いろいろ考えて、やめました。警察の手下のような人たちに何を言っても、きっと都合よく書かれるだけですから」（『北方ジャーナル』２０１４年４月号）

小樽事件の捜査では、任意同行、長時間の任意取り調べなど、違法捜査の疑いがあった。私の知る限りではその点を追及したマスコミは無かった。しかし、少なくとも、Aさんを容疑者として報道したマスコミは、捜査のどこに問題があったのか、そして、前述した道新のおわび記事のように、取材の方法や報道の内容について検証し、読者に説明する責任はあるはずだ。警察という権力に取材拒否を受けたり恫喝されれば、謝罪したり、おわび記事を書く新聞が、弱い立場の一般市民には謝らない。

権力を監視するマスコミは、権力には弱く、弱い一般市民には強いのではないかという批判にどう応えるのか。後日、小樽事件の報道を担当する記者の一人が、個人的にAさんに謝罪したという。しかし、その社がそのことを報道することはなかった。

過去には多くの重要事件の冤罪や誤認逮捕がある。警察情報にいかに誤りが多いかは立証済みだ。マスコミはそれを実名で報道してきた。マスコミは被疑者を「容疑者」とすれば責任はないと考えているのかもしれないが、小樽事件で逮捕された女性が言うように「警察の手下のような人たち」と指摘されても仕方がないだろう。

裁判員に予断を与えかねない報道

2002年9月、最高裁判所の平木正洋最高裁・調査官（当時）は、裁判員裁判に関して、「現在の犯罪報道は裁判員に予断を与えかねない」とマスコミ界にルール作りを要請した。平木氏は、

・容疑者の自白の有無や内容
・容疑者の生い立ち・対人関係
・容疑者の弁解が不自然・不合理という指摘
・容疑者の犯人性を示す証拠
・事件に関する識者コメント

などを報じる報道を裁判員に「予断を与える報道」と指摘したが、これに対しては、報道規制ではないかとの議論もあった。

2009年5月から実施された裁判員裁判制度を前に、日本新聞協会は2008年1月、「裁判員制度開始にあたっての取材・報道指針」を発表し、次の3項について確認している。

・捜査段階の供述の報道にあたっては、(中略)内容のすべてがそのまま真実であるとの印象を読者・視聴者に与えることのないよう記事の書き方に十分配慮する。
・被疑者の対人関係やプロフィルは、当該事件の本質や背景を理解するうえで必要な範囲内で報じる。前科・前歴については、これまで同様、慎重に取り扱う。
・事件に関する識者のコメントや分析は、被疑者が犯人であるとの印象を読者・視聴者に植え付けることのないよう十分留意する。

日本民間放送連盟も、2008年1月、「裁判員制度下における事件報道について」と題して考え方を発表し、具体的な留意事項として以下の8項目をあげている。

(1)事件報道にあたっては、被疑者・被告人の主張に耳を傾ける。(2)一方的に社会的制裁を加えるような報道は避ける。(3)事件の本質や背景を理解するうえで欠かせないと判断される情報を報じる際は、当事者の名誉・プライバシーを尊重する。(4)多様な意見を考慮し、多角的な報道を心掛ける。(5)予断を排し、その時々の事実をありのままに伝え、情報源秘匿の原則に反しない範囲で、情報の発信元を明らかにする。また、未確認の情報はその旨を明示する。(6)裁判員については、裁判員法の趣旨を踏まえて取材・報道にあたる。検討すべき課題が生じた場合は裁判所と十分に協議する。(7)国民が刑事裁判への理解を深めるために、刑事手続の原則について報道することに努める。(8)公正で開かれた裁判であるかどうかの視点を常に意識し、取材・報道にあたる。

この問題は、警察の情報管理の甘さの問題でもあるが、マスコミの過剰な報道姿勢が問われる問題だ。

最近、北海道で起きた捜査本部事件で、裁判員に予断を与えかねない報道が頻繁に行われている。その事例を紹介する。日本新聞協会や日本民間放送連盟の方針は守られているのだろうか。

2014年1月から4月にかけての札幌での連続ガスボンベ爆発事件では、2月初旬に犯人を名乗る人物から、犯行をほのめかす手紙が北警察署と北海道新聞に届けられ、2月20日の大型量販店靴売り場で火災発生後には、北警察署を批判する2通目の手紙が同署に届けられるなど、警察の捜査を翻弄する異様な展開を見せていた。北海道警察は、捜査本部を設置して、面子《メンツ》をかけて捜査を展開するも捜査は難航した。4月3日の北海道警察官舎爆破事件の現場近くで、タクシーのドライブレコーダーに記録されていた女性Bさん(当時51歳)が容疑者として浮上した。

Bさんは、4月26日から連続5日間、延べ約40時間に及ぶ異例の任意取り調べで一貫して否認した。捜査本部は、26日午前にBさん宅の捜索、Bさんは当初任意同行も拒否したが、Bさんの自宅は大勢の記者やテレビカメラに包囲されたという。捜査本部は4月30日になり、4月3日の北海道警察官舎爆破の事実(激発物破裂罪)でBさんを逮捕した。任意の取り調べが続く中で、TVなどでは51歳の女性が任意で事情聴取されているが否認しているなどと伝えている。逮捕後になって、Bさんが、まるで犯罪者のように顔を隠す様にして警察車両に乗り込む姿の映像がTVで流されている。任意同行の段階でのこうした取材は明らかに行き過ぎだ。

Bさんの逮捕罪名は激発物破裂罪である。その刑は死刑か無期懲役又は5年以上の懲役という重罪である。起訴されると裁判員制度対象事件（死刑又は無期の懲役若しくは禁錮に当たる罪に係る事件）であり、裁判員による裁判が始まる。この事件のこれまでの報道は、「裁判員に予断を与えない範囲」に止まっているだろうか。

2001年12月、日本新聞協会は「集団的過熱取材に関する見解」を発表、①嫌がる当事者を集団で強引に包囲した取材はしない、②通夜、葬儀などの取材では遺族の心情を踏みにじらないよう配慮する、③住宅街や学校、病院では交通、静穏を阻害しない、の3点を「最低限守るべき柱」とした。日本民間放送連盟も同様の「指針」を加盟各社に示した。

「小樽事件」「連続ガスボンベ爆発事件」の取材はこの指針を守ったとは言い難いが、もうひとつ悲劇的な事件の例を挙げておく。

2014年5月4日深夜、札幌市厚別区の福祉施設職員女性Cさん（当時25歳）が、同居していた婚約者と口論、自宅を出たまま行方不明となった。事件はCさんの「助けて。警察を呼んで」というスマートフォンからの連絡を受けた婚約者が110番通報したことで発覚した（以下「厚別事件」）。

3週間後の28日になって、Cさんは自宅近くの林で、落ち葉に覆われた状態の遺体で発見された。遺体発見場所は、行方不明後に、警察が何回も捜索を行ったとされる。警察は捜査本部を設置して捜査を開始したが、初動捜査で初歩的、致命的なミスを犯した。

捜査が難航する中で、8月になり容疑者が浮上した。捜査本部は、9月22日早朝から容疑者の自宅を捜索する方針を決定、捜査員が容疑者の自宅近くに車で張り込んでいた。ところが、捜査員のほかにマスコミ数社の記者も、容疑者の任意同行の瞬間を取材しようと張り付いていた。

容疑者は、午前6時30分ころ、母親を車に乗せ外出、約1時間で戻ったが、自宅周辺の異様さに気が付いたのか、自宅に入らず車に乗り込んだ。そこに、捜査員の車が接近してきたとき、容疑者の乗った車が急発進、警察車両が追跡したが、そのまま「逃走」してしまった。そのときの写真が、週刊誌に「厚別女性殺害」、「最後の姿」というタイトルで大きく掲載されている。

容疑者は10月6日、仁木町内で自殺しているのが発見された。北海道警は、容疑者の男性（当時33歳）を、被疑者死亡のまま殺人と死体遺棄の容疑で書類送致した。

捜査本部の失態は明らかだが、現場に張り付いていた記者たちに問題はないのだろうか。容疑者が記者たちの存在に気が付いて逃走したとしたら、記者たちが容疑者を自殺に追いやったことにはならないのだろうか。記者の一人は、北海道警の捜査幹部から、お前たちのせいだと非難されたという。

捜査幹部によるリーク

裁判員裁判の対象となるような重要・凶悪事件の過熱報道は、マスコミだけに問題があるのではない。警察側の情報管理の問題でもある。

テレビニュースでは暴力団事務所に対する捜査のため事務所に入る警察官の姿や被疑者が逮捕される瞬間の映像が報道されることがある。新聞等には、汚職事件の捜査に関して、「今日、強制捜査に着手か」等の報道が時折みられる。

こうした重要事件の捜査に関する情報が、どうしてマスコミに漏れてしまうのか。警察記者クラブの記者たちは、警察が提供する情報に依存した取材に終始しているとはいいながら、中には特ダネスクープを狙う記者もいる。そうした記者たちは、日ごろから現場の捜査員と接触して情報を得ようとする。捜査本部の情報管理が甘いと言えばそれまでだが、多くの場合は、現場の捜査員が漏らす断片情報が、特ダネスクープのきっかけとなる。

建前のうえでは、現場の捜査員は、記者たちと直接接することは禁止され、捜査員がこうした情報を記者に漏らした場合には、地方公務員法の秘密を守る義務（地方公務員法34条）に抵触するとして処罰の対象になり、場合によっては懲戒免職となる。

記者たちは、こうした重要な情報については、現場の捜査員から断片情報を入手したとしても、それだけで記事を書くことはない。必ず捜査幹部に確認を取るのが普通だ。

筆者も捜査第2課長時代には、頻繁に「夜討ち、朝駆け」なる取材を受けていた。こうした取材を受けていると、マスコミ各社の動きが手に取るように分かる。だから、幹部の記者対応の要諦は、嘘は言わないこと、ミスリードをしないこと、特ダネ潰しをしないことだ。なかには、的外れな質問をする記者もいたが、頭から否定することなく、それとなく間違いを指摘したこともある。まるで禅問答のようなやり取りでお引き取り願ったこともあった。

ここで行われるのが意図的なリークだ。リークとは、秘密の情報を漏らすこと、つまりは情報漏洩である。リークには、「特オチ」救いのリークもある。特オチとは、ほとんどの社の記者が知っている情報を1社の記者だけが知らないでいることだ。他社が一斉に報道したときに、その記者だけが記事を書かなかったら、その記者は責任を取らなければならない。記者たちはそれを極端に恐れる。そんな時には「今頃、こんなところにいていいの」と一声かければ、大概の記者は気が付く。

筆者は、前述した小樽事件、連続ガスボンベ爆発事件、厚別事件もどこかで捜査幹部によるリークがあったとみている。それは、3事件ともに捜査が長期化していたからだ。捜査が難航すれば、マスコミの追及も厳しくなる。行き詰った捜査を打開するためのリークもある。

元特捜検事の前田恒彦氏は、こう指摘している。

「リークやそれに基づく報道の一番の問題は、報道内容が独り歩きし、それがあたかも『真実』であるかのように、捜査当局のみならず、社会一般の間でも『既成事実』となってしまうという点だ。現場に様々な重圧がかかって捜査が誤った方向に進んだり、後に引けなくなるといった危険性も出てくる。捜査当局の幹部がマスコミにリークをして報道させた内容が実は誤りだったということになると、その幹部のみならず、マスコミの責任問題ともなるから、捜査当局もマスコミも、ともに後戻りや路線変更をすることが困難となってしまうのだ」（「なぜ捜査当局は極秘の捜査情報をマスコミにリークするのか」より）

犯罪捜査は、秘密裡に行われることが大原則である。リークは明らかにそれに反する行為である。筆者は、小樽事件はこの典型だと思っているが、では、何故、警察の幹部はリークするのだろうか。

最大の理由はマスコミのコントロールだ。特ダネスクープを狙う記者たちにリークすることで恩を売り、警察に都合の悪い記事を書こうとするときに、それとなく断念させることにも使える。また、特ダネスクープの記事は大きく扱われる。レベルの低い話になるが、それは捜査幹部の自尊心を満足させるし、警察内部の表彰上申の際に資料として使われる。

つまりリークはマスコミと警察の持ちつ持たれつの関係を築くための有力な手段なのだ。

指名手配の公開は許されるのか

ある都道府県警察の警察署等が特定の事件を捜査し、被疑者を割出し逮捕状の発付を受けたとする。ところが、捜査しても被疑者の所在を掴めない。そこで、他の都道府県警察（同一県内の他の警察署も含む）に対して、被疑者の逮捕を依頼し、逮捕後身柄の引き渡しを要求する。これが指名手配である。このように、本来、指名手配は警察内部の手配である。

指名手配被疑者は逮捕状が発付されている者にすぎない。逮捕状が発付された被疑者は「裁判官が罪を犯したと認めるに足りる相当な理由があると認めた。」にすぎない。その「相当な理由」も明らかにされている訳でもない。有罪判決が確定したわけでもない。

そうした被疑者を捜査の密行性の観点から公開することは許されるのであろうか。しかも、「指名手配制度」は、警察の捜査の基本を定める規範にその根拠規定があるが、指名手配の公開は予定していない。刑訴法にも公開に関する法律的根拠もない。

にも拘らず、被疑者の氏名、年齢、顔写真等が、当然のことのように公表されている。最近では、監視カメラの映像を使い「これが○○事件の犯人です」といった内容の捜査用のビラを配布、掲示したり、新聞紙上に「○○事件の容疑者」として掲載されている。

重要な事件では、全国の警察本部から警察署、交番等の警察施設に加えて、公共施設などに被疑者の顔写真や氏名等が掲載されたポスターなどを配布して、国民の協力を呼びかける公開捜査という手法をとることも珍しくない。

しかし、警察であっても国民の協力なくしては、被疑者を検挙して、事件を解決することは難しいことも事実である。最近では、テレビ公開捜査と称する番組も見られる。警察の公開捜査は、マスコミに大きく依存している。

警察庁は、1972(昭和47)年2月から、「治安に重大な影響を及ぼし、または社会的に著しく危険性の強い凶悪または重要な犯罪の指名手配被疑者に対する追跡捜査をより効果的に行なうため」と称して、警察庁指定被疑者特別手配制度を設け、指定被疑者は原則として、一般に公開することとし、警察庁においてポスター、チラシ等を作成して配布するほか、報道機関等に対して積極的に協力を依頼することになった。

しかし、近年になって指名手配を行っても、被疑者を確保するのが難しくなったことから、2007年4月1日より指名手配被疑者の所在に関する重要情報を通報し身柄確保の一助となった市民には賞金を与える捜査特別報奨金制度を設けている。

凶悪事件の犯人が犯行直後に、凶器を持ったまま逃走中である場合には、国民に対する危害を防止する観点から公開捜査は許されるケースもある。しかし、事件発生から相当期間を経過している指名手配被疑者は、警察の追跡捜査を必死で逃れながら、人目を避けてひっそりと目立たないように生活している。市民に対する差し迫った危険などはない。

指名手配は警察の内部制度であり、指名手配被疑者を逮捕するのは警察の仕事だ。それが不可能だからといって、被疑者の名前などを公開し、国民の税金を使って懸賞金を出すなどは本末転倒だろう。

どんな凶悪犯罪の指名手配被疑者にも推定無罪が適用されなければならない。そうした基本原則を無視して、捜査の効率化を優先することは許されない。

公開捜査と推定無罪の原則

重ねて言うが、犯罪捜査は、秘密裡に行われることが大原則である。

警察の犯罪捜査の基本を定める規範9条にはそのことが以下のように明記されている。

「捜査を行うに当っては、秘密を厳守し、捜査の遂行に支障を及ぼさないように注意するとともに、被疑者、被害者その他事件の関係者の名誉を害することのないように注意しなければならない。」

公開捜査でマスコミをにぎわした事件の一つ、2008年7月、岩手県川井村（現宮古市）で17歳の少女が他殺死体で見つかった事件で、殺人容疑で指名手配されている男性Xさん（当時34歳）の父親が、国や県（岩手県警）等を相手取り、公開捜査中止等を求めた国賠訴訟の判決が、盛岡地裁で言い渡された。判決は、男性を殺人犯と決めつけた捜査ポスターについて、原告の請求を棄却したものの「本件第1ポスターには、Xの氏名及び写真とともに『犯人逃亡中！』、『17歳（当時）の少女を殺害した犯人です』、『犯人を全国に指名手配し追跡捜査中』、『犯人発見にご協力を！』などの記載がありこれらを見た一般人は、Xが本件殺人事件の『犯人』であるとの印象を持つということができる。被疑者にも無罪推定の原則が及ぶことは刑事訴訟法上当然のことであり、刑事司法の一翼を担う捜査機関において、公開捜査用のポスターを掲載するに当たり、本件殺人事件の被疑者にすぎないXを、その『犯人』と断定するような方法を用いることは、無罪推定の原則に正面から反するものといわざるを得ない。」

こう指摘して、無原則な公開捜査に警鐘を鳴らしている。

一方で、判決は、逮捕状が発付されているにすぎない時点で、捜査機関又は令状発付裁判官の被疑者が罪を犯したことを疑うに足りる相当な理由があったとする判断の違法性を主張して、国家賠償を請求することは許されないと判示した。

「刑事訴訟法上、捜査の密行性が制度的に保障されていることに照らし、未だ逮捕状が発付されているにすぎない時点において、被疑者の近親者が、被疑者のアリバイの存在を理由に、逮捕の理由の存否に関する捜査機関等の判断の違法を主張して国家賠償を請求しうるとすれば、その審理において犯罪事実の存否そのものを刑事手続に先んじて判断することになり、捜査資料の公開を余儀なくされるなどして、密行性が要求される捜査の遂行に重大な支障を来す結果となるからであると解される。」

「原告の上記主張の当否を判断するためには、本件殺人事件に係る捜査がいかなる根拠や証拠に基づいてなされたのかが問題とならざるを得ないから、男性が本件殺人事件の犯人ではないことを理由とする原告の請求は許されないというべきである。」

盛岡地裁の判決では「犯人」と断定して公表することは推定無罪という刑事手続きの基本原則に反するとしながら、「被疑者」や「容疑者」という文言を用いるなら、氏名及び写真等を掲載したポスターを広く公開することは、社会的に相当かつ妥当だ、としている。

この判決のおかしさはここにある。それは、一般の国民は「犯人」、「被疑者」、「容疑者」の意味を使い分けていない実態をこの判決は考慮していないからだ。

第11章　冤罪はなぜ繰り返されるのか

「冤罪」とは何か

冤罪の法的な定義はない。冤罪に関する政府見解は、以下のものがある。

「冤罪という言葉につきましては、法令上の用語ではございませんので、その定義についてお答えすることは困難であるものと考えております。社会生活上の用語例としては、冤罪とは、実際に罪を犯した真犯人ではないのに刑事訴訟で有罪とされることをいうのが多いのではないかと考えております。」（2006年5月30日、参議院法務委員会、大林宏法務省刑事局長答弁）。

さらに、これまでの法務大臣らの認識によると、冤罪とは「無罪である者が有罪の判決を受ける状況」とされている。この考えでは、警察が逮捕、検察官が起訴、長期間にわたり勾留された被疑者12人が一審裁判で無罪になった志布志事件、厚生官僚の村木厚子さんら3人が、大阪地方検察庁特別捜査部による障害者郵便制度悪用事件で無罪になった事件は、冤罪には当たらないことになる。

このほか、検察官が嫌疑なしや嫌疑不十分で不起訴処分にした事件、警察が誤認逮捕した事件も冤罪ではないことになる。警察が単なる憶測により捜査対象として取り調べ、マスコミがそれを報道することによって冤罪を作り上げたケースもある。

松本サリン事件だ。1994（平成6）年6月、長野県松本市の住宅街に、神経ガスのサリンが散布され、8人が死亡、660人が負傷した。長野県警は第一通報者の男性宅を被疑者不詳のまま家宅捜索を行い、薬品類など数点を押収、さらにこの男性を容疑者としてその後連日にわたり取り調べた。マスコミは彼を容疑者扱いする報道を行った。この事件は、のちに、オウム真理教信者らによる犯行と判明する。

こうした事件を筆者は「隠れ冤罪」と呼んでいる。

冤罪であれ隠れ冤罪であれ、共通しているのは、捜査機関による最大の人権侵害が行われたということだ。しかも、捜査の対象になった市民には、有形無形の計り知れない損害を与える。その回復には気が遠くなるような時間と労力が必要だ。ときには回復できない損害を与える。

冤罪とは、無実の人が捜査機関に犯罪の嫌疑をかけられることだ。刑事司法の入り口にあって捜査を行った警察の責任はもとより、事件を起訴した検察官、逮捕状等を発付した裁判官、有罪判決を言い渡した裁判官、ときには、弁護士にも責任がある。

さらに言えば、推定無罪の原則を無視して、冤罪被害者をあたかも犯人のごとく実名報道したマスコミの責任もある。

数々の「冤罪」事件

吉田岩窟王事件はすでに触れたが、重大事件としては初の再審開始でその後の再審裁判の先駆けとなった事件としても知られる。裁判官が「わが裁判史上かつてない誤判をくりかえした吾々の先輩が、翁に対して冒した過誤をひたすら陳謝する」と異例の謝罪をしている。

現行刑訴法が施行されてからすでに66年が経過した。その間、財田川事件、梅田事件、八海事件等多くの冤罪事件があった。さらに、布川事件、足利事件、氷見事件、志布志事件、東電ＯＬ殺人事件などがある。

冤罪事件の再審裁判の中で、警察の犯罪捜査の衝撃的な正体が明らかになったのが袴田事件だろう。

１９６６（昭和41）年6月30日未明、静岡県清水市（現静岡市清水区）の味噌製造会社専務宅から出火、焼け跡から一家４人の遺体が発見され、静岡県警は強盗・殺人・放火事件として捜査本部を設置し捜査を開始した。同年8月18日、味噌工場の従業員寮に住んでいた袴田巖さん（当時30歳）が強盗殺人等の疑いで逮捕された。袴田さんのパジャマから他人の血液反応が出たとされ、袴田さんが左手中指に怪我をしていたことなどが理由だった。

翌年9月、静岡地裁が袴田さんに死刑判決を言い渡し、1980年11月、最高裁が上告を棄却、死刑が確定した。その後、2度の再審請求の末、2014年3月27日、静岡地裁が再審開始を決定、袴田さんは48年ぶりに釈放されている。再審の決め手は検察が証拠開示した衣類についた血液のDNA鑑定だった。

しかし、「袴田巖再審請求事件決定」（平成26年3月27日付　静岡地方裁判所）は、袴田事件が単なる冤罪ではなく、警察の証拠の捏造によるでっちあげ事件であることを明らかにしている。稀に見る凶悪な強殺放火事件を解決しなければならなかった静岡県警の捜査本部は、袴田さんを逮捕、強制的・威圧的な取り調べで自白に追い込んだものの、袴田さんが公判で否認に転ずるや、5点の衣類を味噌タンクに置くなどして証拠を捏造し、検察官は起訴後に犯行時の着衣をパジャマからこの5点の衣類に変更した。裁判官もそれらを間接事実として袴田さんに死刑判決を言い渡した。これが袴田事件のポイントだ。

証拠まで捏造した警察

「袴田巖再審請求事件決定」は、袴田さんを事件の犯人であるとする最も有力な証拠である5点の衣類は捜査機関の捏造だと、明らかにしている。

端的に言えば、確定判決のうち袴田さんが本件の犯人であるとする最も有力な5点の衣類という証拠が、袴田さんの着用していたものでもなく、犯行に供された着衣でもなく、事件から相当期間経過した後、「味噌漬け」にされた可能性があるということである。5点の衣類のような証拠が、事件と関係なく事後に作成されたとすれば、証拠が後日捏造されたと考えるのが最も合理的であり、現実的には他に考えようがない。そして、このような証拠を捏造する必要と能力を有するのは、おそらく捜査機関（警察）をおいて外にないと思われる。警察は、袴田さんを逮捕した後、連日、深夜にまで及ぶ長期間にわたる取り調べを行って自白を獲得しており、その捜査手法は、袴田さんを有罪と認定した確定判決すら、「適正手続の保障という見地からも、厳しく批判され、反省されなければならない」と評価するほどである。そこには、人権を顧みることなく、袴田さんを犯人として厳しく追及する姿勢が顕著であるから、5点の衣類の捏造が行われたとしても、特段不自然とはいえない。公判において袴田さんが否認に転じたことを受けて、新たに証拠を作り上げたとしても、もはや可能性としては否定できないものといえる。

実は、捏造はまた手が込んでいた。5つの衣類のひとつであるズボンの「端布の押収」の捏造だ。袴田さんの実家から押収されたという端布もまた、警察の捏造の可能性が高いのだ。

ほかにも、袴田さんが渡したとされる「紙幣入りの封筒」など、袴田事件には、警察の証拠捏造の可能性が高いものがいくつもある。

2014年3月31日、静岡地検は「DNA型鑑定に関する証拠の評価などに問題がある」、「証拠について、合理的な根拠もないのに、警察によって捏造された疑いがあるなどとしている点で到底承服できない」などとして、東京高裁に即時抗告を申し立てた。東京高裁の結論が出るまでには、さらに時間がかかりそうだ。

再審開始が決定したが、その後二転三転する事件も1961年の名張毒ぶどう酒事件、1967年の日産サニー事件、1979年の大崎事件、1986年の福井女子中学生殺人事件がある。

一旦、有罪判決が確定すれば、それを覆して無罪を確定するまでには、気が遠くなるほどの歳月が必要だ。さらに、その責任を明らかにするための唯一の手段である国家賠償を求めるにしても、さらに時間が必要だ。しかも、捜査を指揮した警察官、事件を起訴した検察官、有罪判決を言い渡した裁判官らは、誰一人として責任を負うことはない。

隠れ冤罪の被害者多数

一審で無罪になった事件は、少なくとも検察官が起訴し、裁判が開始されているから、警察捜査のどこに問題があったのかを明らかにする手がかりはある。志布志事件がその例だ。現在、国賠訴訟で警察や検察の責任が追及されつつある。

検察統計によると、検察庁が2013年中に送致を受けたのは、刑法犯88万2528人、特別法犯（道交法違反を除く）9万0459人である。このうち起訴（略式命令請求を含む）されたのは、刑法犯で13万5421人、特別法犯で4万8772人である。一方、不起訴は、刑法犯で66万4682人、特別法犯4万1039人である。つまり、警察等の捜査の対象となり、検察庁に送致された人の圧倒的多数の人が裁判を受けることなく終わっているのである。

それが良いことなのかは別として、不起訴の内容が問題なのである。不起訴の内容は、起訴猶予のほか、「嫌疑不十分」、「嫌疑なし」、「犯罪とならず」、「刑事未成年者」、「心神喪失」などである。

起訴猶予は、被疑事実が明白な場合において、被疑者の性格、年齢及び境遇、犯罪の軽重及び情状並びに犯罪後の情況により訴追を必要としないと、検察官が認めたときの処分である（刑訴法２４８条）。当然のことながら、被疑者が罪を認め反省しているか、被害者に対する謝罪、弁償の有無、初犯で再犯のおそれがないなどが考慮される。

「嫌疑不十分」は、犯罪の成立を認定すべき証拠が不十分なとき、つまり、犯罪の疑いは完全には晴れないものの、裁判において有罪の証明をするのが困難と考えられる場合だ。

「嫌疑なし」は、被疑者がその行為者でないことが明白なとき又は犯罪の成否を認定すべき証拠がないことが明白なときだ。「犯罪とならず」は、認定できる事実が犯罪に当たらない場合だ。

実は、不起訴になった刑法犯（交通事故事件を除く）のうち、「嫌疑不十分」22・７％、「嫌疑なし」１・７％、「犯罪とならず」０・９％が占める。殺人でも「嫌疑不十分」１１７人（16・２％）、「嫌疑なし」３２１人（44・４％）、「犯罪とならず」24人（３・３％）もあるのは驚きだ。特別法犯では、同じく13・３％、０・５％、０・６％である。

「嫌疑なし」、「嫌疑不十分」、「犯罪とならず」は、警察の犯罪捜査に問題があったため無実の人を犯罪者に仕立て上げてしまった可能性がある。つまり、起訴されなかった隠れ冤罪なのだ。

こうした隠れ冤罪が、検察官による警察捜査に対するチェック機能が果たされたと理解するべきなのか、警察の捜査に問題があったと理解するべきなのか。

第一次捜査機関である警察としては、殺人等の重要凶悪事件について、被疑者を逮捕しながら、検察官に嫌疑不十分や嫌疑なしを理由に起訴されなかったとなれば、警察の捜査に問題があったと言わざるを得ない。

前にも説明したように、２０１１年10月、殺人の疑いで北海道警の捜査本部（小樽警察署）が逮捕した不動産会社経営の女性（当時62歳）を札幌地方検察庁は、20日間の勾留のうえ、処分保留で釈放した。札幌地検は2年半近くも処分決定を先延ばしにしたうえ、２０１４年1月31日になって、不起訴（嫌疑不十分）を発表している。この捜査で致命的だったのは、女性の自白が得られなかったうえ、犯行を直接裏付ける凶器や犯行状況から当然なければならない血痕等、女性と被害者を結びつける証拠を発見できなかったことである。

同じような事件が富山県でもあった。

２０１３年7月24日、富山地検が、殺人や放火などの容疑で処分保留としていた富山県警の元警部補（当時54歳）を嫌疑不十分で不起訴処分とした。同警部補は２０１０年4月、富山市の不動産会社経営の夫婦を殺害・放火した疑いで、２０１２年12月に逮捕された。

富山地検は、犯行や犯行前後の行動に対する供述が、2人を殺害する合理性に欠けているとして、精神鑑定を行い、その後、「捜査を継続する必要がある」として、起訴の可否を判断せず、処分保留とした。元警部補は、捜査情報漏えいの罪で起訴されていたが執行猶予の判決を受け釈放された。富山地検によると、自白したとされる元警部補の供述が信用できないとした。

警察が検察庁に送致した捜査記録は、開示すると、関係者の名誉・プライバシー等を侵害するおそれや捜査・公判に支障を生ずるおそれがあるため、刑訴法47条により、原則として、これを公にしてはならないとされている。

検察庁も不起訴の具体的な理由を明らかにしない。そのため、隠れ冤罪の被害者、つまり、逮捕・勾留され、嫌疑なし、あるいは嫌疑不十分とされ起訴されなかった人たちは、何故、自分が逮捕されたのか、どうして起訴されなかったのかなど、警察の捜査内容を知ることはできない。つまり、ヤミの中だ。

しかし、刑訴法47条には「公益上の必要その他の事由があつて、相当と認められる場合は、この限りでない。」とする例外が認められている。

その一つが、民事訴訟法226条の文書送付の嘱託である。これは冤罪等の被害者が国家賠償法による損害賠償請求訴訟でよく行う手続きだ。

不起訴記録の開示については、2008年11月19日付の法務省通達がある。それによると、民事裁判所から不起訴記録の文書送付嘱託等がなされた場合で、不起訴記録中の特定の者の供述調書について、その供述調書の内容が、その民事訴訟の結論を直接左右する重要な争点に関するものであって、かつ、その争点に関するほぼ唯一の証拠であるなどその証明に欠くことができない場合などの一定の要件を満たす場合には、開示することができるというものだ。

いずれにしろ、不起訴記録の開示については、民事訴訟、すなわち、警察・検察を相手取り、その違法な逮捕・勾留等を理由とする国賠訴訟を提起しなければならないことになる。

具体例としては前出のJR新宿駅痴漢冤罪国賠訴訟で、警視庁が東京地検に送致した記録の大部分が開示された。

このほか、2002年に富山県氷見市で起きた連続強姦事件等で逮捕・起訴されたが真犯人が別にいたことから再審無罪になった国賠訴訟でも、送付嘱託による捜査記録の一部がようやく開示されている。

続発する誤認逮捕

最近の誤認逮捕で有名なのは、2012年のパソコン遠隔操作事件だろう。

この事件は、真犯人がインターネットの電子掲示板を介して、他人のパソコンを遠隔操作して、殺人などの犯罪予告を行ったサイバー犯罪だ。神奈川県警、大阪府警、警視庁、三重県警が、ＩＰアドレスで特定したパソコンの所有者を被疑者と断定して、それぞれ合わせて４人の男性を威力業務妨害等の容疑で逮捕した。

ところが、三重県の男性のパソコンから、事件に関与したと思われるトロイプログラムが発見されたことから、再捜査したところ４人は事件には関係がないことが判明した。

４人は当初は否認したが、東京都の男性と福岡県の男性は「自白」し、東京都の男性は未成年のため保護観察処分となった。大阪府の男性は起訴されたが、起訴取り消し、東京都の男性は保護観察処分取り消し、ほかの２人は嫌疑なしの不起訴となった。

この事件は、ＩＰアドレスだけを根拠にパソコンの所有者を容疑者と断定したこと、パソコンが遠隔操作されるなりすましの可能性が検討されなかったことが捜査上の問題点として指摘されているが、最も注目しなければならないのは、無関係の２人を「全面自白」に追い込んだことである。

これまでも、多くの冤罪事件で虚偽自白が問題となり、取り調べの全面可視化の必要性が求められている最中のことである。しかも、「被疑者取調べ適正化のための監督に関する規則」に基づく、取調監督制度も実施されていた。未だに、こうした虚偽自白が行われるのは、そう簡単には警察の取り調べが正常化することはないことを示している。

大阪府警では、２０１３年から２０１４年にかけ９件もの誤認逮捕事件が続いている。

大阪府警寝屋川署は、恐喝事件を巡って無関係の府内の20代女性を誤認逮捕し、約6時間後に釈放したと発表した。被害者側の証言を鵜呑みにし、事件当日のアリバイを逮捕後に確認するなど十分な裏付け捜査を怠った。寝屋川署は女性に謝罪した。大阪府警の誤認逮捕発覚は前年7月以降で9件目（2014年4月22日付毎日新聞）。

同署は捜査の過程で、女性の顔写真を見せられた被害者の男性が「間違いない」と話したため、逮捕状の発付を得て女性を任意同行。女性は関与を否定したが逮捕した。ところが、男性が説明していた女性の身体的特徴が一致せず、再捜査したところ別人と判明したという。犯罪捜査で写真等を使った「面割り」は危険だというのは捜査の常識だ。必ず、直接面通しをしたり、アリバイ捜査を行うなどのより慎重な捜査が必要だ。

この事件では、6時間後に釈放したとなっているが、2013年7月に、駐車中の車からガソリンチケットを盗み、ガソリンスタンドで給油した疑いで会社員を逮捕した事件では85日間も身柄を拘束した。誤認逮捕の理由は、アリバイ捜査やガソリンスタンドの防犯カメラの時間のずれの確認を怠っていたためだった。

2013年12月、少年と少女を傷害の疑いで逮捕、9日間勾留した事件は、被害者の学生の虚偽供述を鵜呑みにして、アリバイ捜査を怠ったためだ。

こうした大阪府警の捜査の基本を忘れた警察官の捜査能力も問題だが、逮捕状請求のチェックを行ったはずの警部以上の指定司法警察員がどんな審査をしたのかの方が問題だ。誤認逮捕を防ぐための組織的な機能が働いていないのだ。

これまで説明してきたとおり、通常逮捕と緊急逮捕の逮捕状の請求は指定司法警察員である警部以上の幹部警察官が行うことになっている。

警部といえば警察署の課長、警察本部であれば課長補佐である。その指定司法警察員が裁判官に提出する疎明資料のチェックを行っていないか、裁判官の逮捕状発付審査が極めて甘いと知って、惰性で請求書に署名押印しているからだ。

現行犯逮捕の場合には令状請求の必要はないが、逮捕状による逮捕の被疑者と同じように、司法警察員は被疑者に弁解の機会を与え、留置の必要がないときは釈放しなければならない。司法巡査から引致を受けたときも同じだ。ここでも誤認逮捕でないかどうかをチェックすることが必要だ。逮捕して、数時間で釈放しているケースはこの機能が働いたことになる。

さらに、事件を身柄つきで検察庁に送致するときもチェック機能が働かなければならない。送致書には、逮捕する前の捜査記録、被疑者の逮捕後の弁解録取書、被疑者の供述調書等の捜査記録が一括添付されている。しかし、送致者である警察署長等の警視クラスの幹部警察官はそんなことはしない。形式的に署名・押印するだけだ。

ここにも警察の組織捜査がいかに形式的であるかがはっきりと表れている。

第12章　人質司法と弁護士の役割

違法逮捕にも泣き寝入り？

身に覚えのない罪で逮捕される可能性があることは、冤罪事例で理解いただけたと思う。逮捕されたら一般市民はどうすればいいのか、この章では法的な基礎知識をお伝えしたい。逮捕に続く勾留が人質司法の始まりであることはすでに述べた。

勾留や保釈、押収など、裁判官の裁判に不服がある場合には、裁判所にその裁判の取消又は変更を請求する準抗告という手続きがあるが、逮捕自体を違法として準抗告を行うことは認められていない。

逮捕の違法性は、勾留の違法を主張する準抗告で裁判官が判断することになる。逮捕に引き続き勾留された被疑者あるいはその弁護人は、公開の法廷で裁判官に勾留の具体的理由の説明を求め、被疑者や弁護人は、これに対して意見を述べることができるが、これで勾留が取り消されることはほとんどない。保釈制度は被告人にだけ認められ、逮捕中や勾留中の被疑者については認められていない。

だとすると、市民はたとえ身に覚えのない犯罪であっても、素直に逮捕される以外に道はないのか。

残されているのは、逮捕状が執行されて引致された段階で警察の司法警察員に弁解し釈放を求めるか、すぐに、弁護人を依頼し釈放するように要求してもらうかしかない。48時間以内に検察官に送致されたときにも弁解の機会がある。検察官が24時間以内に裁判官に勾留請求をしたときには、裁判官に無実を訴え釈放を求めることができる。しかし、勾留請求の却下率は2・0％だ（平成26年度司法統計）。裁判官が勾留状を出すと、間違いなく10日〜20日間は身柄が勾留される。

検察官が起訴しなければ釈放されるが、起訴されたときは、当然に被告人の2ヵ月間の勾留が始まる（1ヵ月更新）。このときには裁判官による勾留質問も行われない。起訴された時には、被告人として保釈を求めることができるが、黙秘したり、犯行を否定していればなかなか保釈は認められない。

このように、いかに弁解しようと、いったん警察に逮捕されると、判決が確定するまで身柄が拘束されることが多い。我が国の刑事司法が人質司法と揶揄される所以はここにもある。

こうした問題での救済策はあるのだろうか。

「刑事補償法」による刑事補償金（1日当たり1000円〜1万2500円）を請求できる制度があるが、この制度の対象は「抑留または拘禁された後に無罪判決を受けたとき」としており、誤認逮捕や不起訴処分となったケースは対象外となる。

そうしたケースの救済として、法務省の「被疑者補償規程」で、被疑者として抑留又は拘禁を受けた者につき、公訴を提起しない処分があった場合において、その者が罪を犯さなかったと認めるに足りる十分な事由があるときは、「刑事補償法」と同様に補償をするというものだ。この場合も、不起訴になった理由が「罪とならず」や「嫌疑なし」の場合に限られ、「嫌疑不十分」は対象にならない。

こうした金銭的な救済策で、冤罪等の被害を受けた人たちが失ったものを回復することができるとは思わないが、我が国の法制度では国家賠償法による損害賠償請求訴訟（国賠訴訟）を提起する以外に道はない。

国家賠償法の趣旨からすれば、誤認逮捕等の違法逮捕やそれに基づく勾留についても、違法な公権力行使によって被害を受けた場合に該当するはずで、国家賠償法に基づいて、損害賠償を求めることもできるはずだが、実際はそうはなっていない。捜査機関又は令状発付裁判官の被疑者が罪を犯したことを疑うに足りる相当な理由があったとする判断の違法性を主張して、国家賠償を請求することは許されない(1993年1月25日最高裁判所判決)。

こうしたこともあって、提訴を断念し泣き寝入りする冤罪等の被害者がほとんどだ。加えて、国賠訴訟には様々な困難が伴ううえ、原告の勝訴率は10%にも満たないという事情もある。こうした実態を是正するためには、警察の逮捕に関して、早い段階で「相当な理由」の開示やその違法性を問う何らかの制度が必要だ。

冤罪の温床、留置施設

自白偏重の刑事司法、警察の取り調べの実態については詳しく述べてきた。実は、刑事司法には警察官の自白追及を容易にする様々な仕組みが存在している。この項では人質司法の中身について説明する。

勾留されると、保釈されない限り身柄が拘束される。特に、被告人が否認している場合には、保釈はほぼ認められない。

拘束される場所は、多くの場合、これまで代用監獄と呼ばれていた警察の留置施設である。したがって、被疑者として身柄を拘束されると、長期間にわたって警察の留置施設に身柄を拘束され、警察官の取り調べを受けることになる。これが人質司法の本質である。

通常の場合には、被疑者、被告人に対して接見禁止処分が行われるから、いったん警察に逮捕されれば親、兄弟にも面会することはできない。手紙のやり取りも電話もできない。被疑者、被告人が唯一、会うことができるのは弁護士だけである。

その弁護士は、被疑者から弁護人として選任されると、一定の制限の下で、立会人なくして被疑者と接見することができる。これを秘密接見交通権と呼んでいる。しかし、その秘密接見交通権もときとして侵害される。

2007（平成19）年6月に「刑事収容施設及び被収容者等の処遇に関する法律」（以下「刑事収容施設法」）が施行された。同法によると、刑事収容施設とは、刑事施設、留置施設、海上保安留置施設を指す。「刑事施設」とは、刑務所、少年刑務所、拘置所である。

それまで、設置の法的な根拠がなかった警察の留置場は、刑事収容施設法14条により、「都道府県警察に、留置施設を設置する。」とされたことから、警察に留置施設を置く根拠が明確にされた。「留置施設」とは、警察官が逮捕する者であって留置されるもの、留置された者で勾留されたもの等を収容する施設だ。

それまで、何の法的な設置根拠もなく、市民から「ブタ箱」とも呼ばれ、冤罪の温床だと指摘された警察の留置場は、廃止を求める意見も多い中「留置施設」と名称を変え、その設置についての法的な根拠を与えられたうえ、代用監獄は代用刑事施設と名称を変えて温存されたのである。

「市民的及び政治的権利に関する国際規約」（国際人権《自由権》規約）（日本は1979年に批准）は、刑事上の罪に問われて身体を拘束された者は速やかに裁判官の面前に連れていかれ、その後は捜査機関に戻されてはならないことを定めている（9条3項）。わが国では、国際条約に違反する状態がいまだに続いていることになる。

一般市民の感覚からすれば、警察が逮捕した被疑者は48時間以内に書類と証拠物とともに検察官に送致しなければならない（刑訴法203条）、となっているから、警察の留置施設に収容されるのは48時間以内と思うかもしれない。

しかし、実際の運用は、警察が逮捕した被疑者のほとんどは、送致に際しての警察の意見に従って、検察官が勾留を請求するに当たって、勾留場所として、警察の留置施設を指定するから、代用刑事施設である警察の留置施設に収容されることになる。

警察庁によると、警察の留置施設の数は、平成26年4月1日現在、全国で1176ヵ所で収容延べ人員353万8159人だが、平成16年に比べて約35％減少している（平成26年版警察白書）。

刑事収容施設法施行前の留置場収容者の区分は、勾留前被疑者5・7％、勾留被疑者36・6％、被告人57・6％、受刑者0・1％で、平均留置日数は28・8日である（法務省・警察庁「第1回未決拘禁者の処遇等に関する有識者会議配布資料」平成17年12月6日）。

これをみても、既に起訴されて裁判中の勾留被告人と起訴前の勾留被疑者とを合わせると94・2％が警察の留置施設に身柄を拘束され、警察官による取り調べの対象になっていることが分かる。つまり、警察の留置場はまさに代用監獄だったのだ。

法務省の資料によると、警察が逮捕した被疑者のうち、勾留場所が留置施設になった者の割合は、刑事収容施設法が施行される前年の2006年から2010年までの間、一貫して98％以上となっている。被留置者一人当たりの平均収容日数についても、2010年26・3日となっており、2006年の水準（28・0日）と比べて1・7日短くなっているが、冤罪の温床であることに変わりはない。

取り調べの対象は逮捕・勾留された事件だけに限らず、別件の余罪の取り調べが行われている。いわゆる別件逮捕も同じだ。別件逮捕とは殺人等の凶悪・重要事件（本件）の捜査において、本件を取り調べる目的で、別件（通常は本件より軽微な事件）で被疑者を逮捕すること。冤罪の要因になる違法捜査の疑いがあるとの批判がある。

この余罪の取り調べは、任意捜査として行われているという説もあるが、勾留されている被疑者、被告人の扱いは逮捕された被疑者と全く同じである。ここにも逮捕状のない逮捕、つまり、刑訴法の令状主義の逸脱が潜んでいる。

布川事件はその最たる例だろう。

1967（昭和42）年8月30日、一人暮らしの大工の男性（当時62歳）が茨城県北相馬郡利根町布川の自宅で殺害されているのが発見された。捜査本部は、素行不良者として捜査線上に浮かんだ桜井昌司さん（当時20歳）を10月10日に窃盗容疑で、杉山卓男さん（当時21歳）を暴力行為で10月16日に逮捕した。桜井さんは、犯行を否認したものの厳しい取り調べで「杉山とやった」と虚偽の自白をした。捜査本部は、この自白をもとに杉山さんを逮捕、杉山さんも強引な取り調べで虚偽の自白をする。10月23日、2人は強殺容疑で逮捕された。12月28日に起訴された2人は裁判では否認し、最高裁まで無実を訴えたが、1978年7月、無期懲役の刑が確定し服役した。2人は、服役中から無実を訴え続け、仮釈放後に再審が認められ、2011年5月、再審無罪が決まった。

警察は桜井さん、杉山さんを軽微な事件で別件逮捕し、警察の留置場に身柄を拘束し、その勾留期間のほとんどの時間を強殺事件の取り調べに費やしている。2人は、偽計、脅迫、利害誘導等の違法な取り調べを受けて、一旦は自白したが、強殺事件の取り調べが終わり、代用監獄（警察の留置場）から拘置所に身柄が移管されるや、そろって検察官の取り調べに否認する。すると2人は、拘置所から代用監獄に再移管される。再移管は通常では考えられないやり方である。捜査本部は、2人を逮捕・勾留した強殺事件は処分保留で釈放し、最初に別件逮捕した事件とは別の窃盗事件等で起訴・勾留し、その勾留期間中、強殺事件の取り調べ、自白を強要した。２人は、再び自白した。その間の取り調べは76日間に及んだ。

布川事件は、いかに警察の留置施設が自白追及に使われているかを如実に物語っている。桜井さんは、現在、茨城県警察等を相手取り、捜査は違法だなどとして、損害賠償請求を提訴中だが、杉山さんは、２０１５年10月、病気のため亡くなった。

被疑者等を警察の留置場（代用監獄）に収容することにより、自白を得るための長時間の取り調べが連日にわたって行われているとの批判や、長時間の取り調べを理由に自白の証拠能力を否定する判決もあったことから、刑事収容施設法では、留置担当官が留置施設に留置されている被留置者に係る犯罪の捜査に従事してはならないとされ、捜査官は留置業務に従事してはならないとしている。しかし、これは明らかにまやかしである。

形の上では留置管理部門と捜査部門とを分離しても、留置管理の責任者と捜査を指揮する警察本部長や署長は同一人物である。それぞれが、その管轄内の治安維持に責任を負い捜査の指揮権を有している以上、内部管理の問題である被疑者の処遇よりも外部に表れる犯罪捜査の結果が優先することがあっても不思議ではない。

捜査と留置の分離を徹底し、収容者の処遇を改善するとともに、冤罪の温床を解消するためには、留置施設の業務を法務省に移管すれば済む話だ。

保釈制度の実態

我が国の刑事司法における保釈制度についても触れておこう。保釈制度の趣旨は、被告人の出頭確保などによる刑事司法の確実な執行と、被告人の社会生活の維持との調整を図ることにある。刑訴法88条以下に規定がある。なお、保釈は起訴後だけに認められており、起訴前の保釈の制度はない（刑訴法207条1項）。

保釈には3つの種類があるが一般的なのは、必要的保釈（刑訴法89条）だ。必要的保釈は、勾留されている被告人、弁護人等から請求があった場合は、裁判所は保釈を許さなければならないとしている。ただし、死刑、無期又は短期1年以上の懲役・禁錮に当たる罪を犯した場合等や罪証隠滅のおそれがある場合、被害者や証人に対し、危害を加えるおそれがある場合、氏名又は住所が明らかでない場合は、認められない。刑訴法上の、短期刑というのは「刑の下限が一定の年数を越える懲役刑が規定された犯罪」をいう。

他には職権保釈（刑訴法90条）、義務的保釈（刑訴法91条）がある。

保釈は、弁護人等の請求に基づいて行われるのが一般的で、裁判所は、保釈の許否を決定する前に、検察官の意見を聴かなければならない（刑訴法92条）。保釈を許す場合は、「保釈金」の額が決められる。また、保釈後の住居（制限住居）を指定するなどの条件を付けることができる（刑訴法93条3項）。

保釈が許可され、定められた保釈保証金を裁判所に納付した場合は、身柄が釈放されるが、正当な理由なく出頭しない場合等には、保釈は取り消され、被告人は収監されることになる（刑訴法98条）。禁錮以上の刑に処する判決があったときは、保釈が失効するから、被告人は収監されることになる（刑訴法343条）。

ちなみに、平成26年度司法統計によると、1年間に勾留状が発付された被告人は5万5914人で保釈が許可されたのは1万3646人（24％）である。

保釈までの期間はどのくらいか。志布志事件で無罪になった13人の元被告人の留置日数をみてみよう。最も長かったのは中山信一さんで395日、次が中山さんの妻シゲ子さんで273日だ。次いで、山中鶴雄さん（故人）、永山トメ子さん、藤山忠さんの185日、それ以外では長い人で181日、短い人でも87日だ。

弁護人の保釈請求により裁判官が保釈を許可しても、被告人が否認している場合などには、検察官が抗告し結論がひっくり返ることも多い。中山信一さんは、9回目の保釈申請で、妻シゲ子さんは、6回目の保釈申請でようやく保釈が許可された。

志布志事件の刑事裁判での検察官の求刑は、最も重かった中山信一さんが懲役1年10

月、シゲ子さんが懲役1年2月だったことを考えると、果たして、これだけ長期間にわたって勾留する必要があったのかと疑問を持つのは筆者だけではあるまい。

捜査機関vs.弁護士

市民の多くは、犯罪捜査に関する知識もなく関心も薄い。捜査権を持つ警察官や検察官が何をやっているのかも知らないのが普通だ。そしてそれと同じように弁護士のことも知らない。市民にとっては弁護士も縁遠い存在だ。

現行の刑訴法は、検察官に訴因を明示する責任を負わせ、証拠調べにつき当事者の請求を基本にするなど、当事者主義を原則としているが、これまで説明した通り、捜査段階では、捜査機関と被疑者は対等の関係にはない。現実には、法的な知識に疎い市民は、被疑者に付与されている供述拒否権などの諸権利を使って自らを防御することは不可能である。

市民が捜査機関から何らかの犯罪の嫌疑をかけられ捜査の対象になったとき、頼れるのは弁護士しかいない。

弁護士の使命は、弁護士法1条に「弁護士は、基本的人権を擁護し、社会正義を実現することを使命とする。」、「弁護士は、前項の使命に基き、誠実にその職務を行い、社会秩序の維持及び法律制度の改善に努力しなければならない。」とある。

弁護士の仕事としてよく知られるのは、刑事裁判での被告人の弁護や民事裁判での原告・被告の代理人としての活動だ。しかし、弁護士は社会のあらゆる分野で法律家として専門知識・技術を生かして活動している。

ここでは、警察の犯罪捜査を入り口とする刑事司法の流れの中で、弁護士がどんな役割を果たしているのかみてみたい。

憲法37条3項「刑事被告人は、いかなる場合にも、資格を有する弁護人を依頼することができる。被告人が自らこれを依頼することができないときは、国でこれを附する」、これが刑事被告人の権利である。

被告人以前の段階、つまり、警察に逮捕されたり、勾留されたりしている被疑者はどうなのか。

刑訴法30条には、「被告人又は被疑者は、何時でも弁護人を選任することができる。」、「被告人又は被疑者の法定代理人、保佐人、配偶者、直系の親族及び兄弟姉妹は、独立して弁護人を選任することができる。」とあるから、警察に逮捕された時には、被疑者やその親族はいつでも弁護士に弁護人になるように依頼することができる。

具体的な弁護人の役割は、被疑者に法律上の権利や法的知識を教示するほか、法律上の問題点に関する相談に乗り被疑者の精神的な不安を軽減することである。特に、被疑者・被告人が身柄を拘束されている場合には、外部との接触が遮断され、孤立しがちであるため、精神的な支援が重要な役割となる。刑訴法では、弁護人には捜査権は認められていない。諸外国と異なり、取り調べに対する立会権もない。捜査段階で弁護人に認められているのは、後で説明する秘密接見交通権くらいである。

なかには、任意同行を求められ取り調べ中の被疑者を連れ戻したりする元気のいい弁護士もいるが、そうした弁護士は多くはない。

また、裁判員裁判制度の導入に伴い、裁判官、検察官、弁護人が初公判前に協議し、証拠や争点を絞り込んで審理計画を立てる公判前整理手続きが導入されたほか、刑訴法改正案では、取り調べの状況を記録した記録媒体の閲覧・複製権、司法取引に関する同意権、被疑者国選弁護制度対象事件の拡大、証拠開示制度の拡充等が盛り込まれている。刑事司法における弁護士の役割は一層重要なものになってくるはずだ。

司法警察員は、逮捕した被疑者に対し「直ちに犯罪事実の要旨及び弁護人を選任することができる旨を告げなければならない。」とされている。

しかし、一般の市民は弁護士と馴染みのある人は少ない。弁護士費用のことも心配だ。だから、警察官に逮捕されて、弁解を聞かれ、弁護士を選任できると告げられたとき、多くの被疑者が「弁護士のことはあとで考えます。」と答える。そして、そのことが弁解録取書に記載される。実はこれがとんでもない手遅れになってしまうことがある。

こうしたことを防ぐため、刑訴法で国選弁護人制度が設けられたが、当初は、起訴されて裁判が始まり被告人になった段階でしか国選弁護人を付すことはできなかった。しかし、多くの冤罪事件が示しているように、逮捕・勾留の段階での警察官、検察官による違法な取り調べなどが存在したと指摘されてきた。

そこで、日本弁護士連合会等が中心となり、被疑者についても国選弁護人制度を導入するべきであるとの主張が続けられた。その結果、2004年の刑訴法の改正で、2006年から、死刑、無期若しくは短期1年以上の懲役若しくは禁錮にあたる重大事件の被疑者についても国選弁護人制度が適用されることになった。

さらに、2009年5月から始まった裁判員裁判制度に伴い、国選弁護人制度の対象事件も法定刑が死刑又は無期若しくは長期3年を超える懲役若しくは禁錮に当たる事件（窃盗、傷害、業務上過失致死、詐欺、恐喝など）まで拡大された。

なお、刑訴法改正案では、国選弁護人制度の適用対象を「勾留状が発せられている全ての被疑者」にまで拡大することとされている。しかし、逮捕により留置されている状態の被疑者は対象にならない（後述する当番弁護士制度の対象にはなる）。

平成26年版警察白書によると、被疑者に対する国選弁護人制度の導入後、被留置人と弁護人等との面会回数が増加し続けているという。2006年には面会回数33万4276回（起訴前18万0254回、起訴後15万4022回）だったが2013年には面会回数60万2689回（起訴前41万3273回、起訴後18万9416回）と飛躍的に増加している。一方、司法警察員は、死刑又は無期若しくは長期3年を超える懲役若しくは禁錮に当たる事件の被疑者に対して、検察官が勾留を請求した場合には、「貧困その他の事由により自ら弁護人を選任することができないときは、裁判官に対して弁護人の選任を請求することができる旨並びに裁判官に対して弁護人の選任を請求するには資力申告書を提出しなければならない旨及びその資力が基準額以上であるときは、あらかじめ、弁護士会に弁護人の選任の申出をしていなければならない旨を教示しなければならない。」（203条3項）としている。

弁護人等との接見交通権

身柄を拘束されている被疑者・被告人が、弁護人あるいは弁護人以外の者と面会し、書類または物の授受をする権利を接見交通権という。

弁護人と被疑者との接見は、警察の留置施設内に設置されている「接見室」で行われる。弁護人以外の者との接見では必ず警察官が立ち会うが、弁護人との接見では立会人はない。そのため、弁護人との接見交通権を秘密交通権ともいう。

ただし、被疑者の場合には、法令で逃亡、罪証隠滅または戒護に支障のある物の授受を防ぐために必要な措置をすることができるほか、捜査機関が、捜査のために必要なときは、接見、授受についてその日時、場所、時間を指定できる。そのため、取り調べ中を理由に接見を拒否されたり、接見時間を制限されることも多く、捜査側の都合による接見の運用が一般化しているとの強い批判がある。

勾留中の被疑者・被告人が逃亡しまたは罪証を隠滅すると疑うに足りる相当な理由があるときは、裁判所は接見を禁じ、授受すべき書類その他の物を検閲し、糧食以外の物は授受を禁止しまたは差し押さえることができる。これが、接見禁止処分である。

警察官は弁護士あるいは弁護人についてどう考えているのだろうか。弁護士の皆さんに聞いてみると、接見の事務を取り扱う留置施設の警察官の応接は悪くはないという。しかし、捜査に従事する捜査官はどうだろうか。おそらく、多くの捜査官は、「弁護士は敵」とまで言わなくても、自分たちにとって好ましい存在ではないと思っていることは確かだ。弁護士は常に警察の捜査を疑いの目で見ていると思っているからだ。

特に、否認している被疑者の取り調べを担当している警察官にとって、弁護士と被疑者の接見は邪魔な存在だ。それまで自白していた被疑者が弁護人と被疑者が接見した後、否認に転じるケースが多いからだ。そこで、どうしても接見で弁護士が何を言ったのかを知りたくなる。

その典型的な例がある。志布志事件の捜査の過程で実際にあったことである。

２００３年４月に施行された鹿児島県議会議員選挙における公職選挙法違反の刑事裁判で12人全員の無罪が確定したが、この一連の捜査の過程で、検察官あるいは警察の取調官が、弁護人が被疑者と接見する都度、その直後に被疑者を取り調べ、接見内容を聞き出し、これを調書化していたことが明らかになった。これに対して、鹿児島県弁護士会所属の弁護士10名、宮崎県弁護士会所属の弁護士１名が、接見交通権の侵害があったとして、２００４年４月、国（検察官）と県（鹿児島県警）を被告とする国賠訴訟を提起した。

被告国、県側は、秘密交通権は接見終了後には保障されないとの主張や、仮に事後的にも保障されるとしても、被疑者等が自発的に接見内容を話した場合や、供述に変遷がある場合、弁護人が否認の慫慂《しょうよう》を行っていた場合などには接見内容を聴取しても違法性はない旨主張した。

２００８年３月、鹿児島地方裁判所で言い渡された判決では、被告らの主張をいずれも斥けて、取り調べにおいて秘密交通権の侵害がなされたことを認定し、捜査側の違法を明確にし、慰謝料等合計550万円の支払いを命じる判決を言い渡し、この判決は確定した。

　この判決は当然であるが、何より驚くのは、検察官と警察官の捜査に関する前近代的な人権感覚である。公訴を維持して有罪判決を得るためなら、捜査（治安維持）のためなら、多少の違法行為も許されるといった思い上がりである。こうした感覚が是正されない限り冤罪は続くのだ。

　警察に逮捕された被疑者はどうすればよいのか。日弁連による当番弁護士制度がある。以下は、日弁連のホームページ「日弁連刑事弁護センター」からの引用である。

当番弁護士制度は、1990年、被疑者段階の国選弁護制度がない中で、被疑者弁護の充実化と被疑者国選弁護制度創設の足がかりとして、弁護士会が独自に始めた制度である。

　この制度は、各地の弁護士会が運営主体となり、毎日担当の当番を決め、被疑者等からの依頼により、被疑者の留置・勾留されている場所に弁護士が出向き、無料で面会の上、相談に応じる制度である。初回の接見費用などは、被疑者に負担を求めることなく弁護士会が負担し、被疑者は、当番弁護士と接見した後、引き続き弁護人（私選弁護人）として依頼することができる。一定の要件を満たす場合には、日弁連が日本司法支援センターに委託して実施する「刑事被疑者弁護援助事業」により、弁護費用について援助を受けることができる。

逮捕されて警察署の司法警察員のところへ連行されたとき、まず最初に、逮捕された犯罪事実の要旨と弁護人を選任できる旨が告げられ、弁解の機会が与えられ、その内容が弁解録取書に記録される。無論、身に覚えのないことであればその旨を説明し、黙秘してもかまわない。知り合いの弁護士がいなければ、はっきりと「弁護士会に連絡してほしい」と意思表示しなければならない。

重ねて注意するが間違っても「あとから考えます」などと言ってはならない。

警察を被告とする国賠訴訟の壁

では、冤罪被害にあったときにはどうすればいいのか、考えてみよう。

日本国憲法17条には、「何人も、公務員の不法行為により、損害を受けたときは、法律の定めるところにより、国又は公共団体に、その賠償を求めることができる。」とある。

これを受けて、国家賠償法1条には「国又は公共団体の公権力の行使に当る公務員が、その職務を行うについて、故意又は過失によって違法に他人に損害を加えたときは、国又は公共団体が、これを賠償する責に任ずる。」そして、2項に「前項の場合において、公務員に故意又は重大な過失があったときは、国又は公共団体は、その公務員に対して求償権を有する。」とある。

戦前の大日本帝国憲法のもとでは、国家無答責の法理という考え方があったという。官吏は天皇に対してのみ責任を負い、公権力の行使に当たる行為によって市民に損害を加えても国家は損害賠償責任を負わないとする法理だ。しかし、現行憲法の下では、国家無答責等という法理等は消滅したはずだ。

警察官は当然のことながら公権力の行使に当たる公務員だ。国民に対して、故意又は過失によって違法に損害を与えたときには、国や都道府県（警察）は、損害を賠償しなければならないはずだ。しかし、過去の警察を被告とする国賠訴訟の原告の勝訴率は常に10％を下回っている。

ここで、国賠訴訟において、被告である警察が引用するいくつかの最高裁判所の判断を列挙しておこう。

① 任意捜査の判断時と適法性の判断基準について

刑事事件において無罪の判決が確定したというだけで直ちに捜査機関による捜査活動が違法とされるわけではなく、捜査機関による捜査活動はその時点において犯罪の嫌疑について相当な理由があり、かつ、必要と認められるかぎりは適法というべきである（職務行

為基準説　昭和53年10月20日最高裁判所判決）。

警察官又は検察官の判断が、捜査活動について国家賠償法上違法というためには、警察官または検察官の判断が、その判断時において、捜査により現に収集した証拠資料及び通常要求される捜査を遂行すれば収集しえた証拠資料を総合勘案して、証拠の評価について法の予定する一般的な警察官又は警察官を前提として通常考えられる警察官又は警察官の個人差を考慮に入れても、なおかつその裁量権を逸脱した行き過ぎたものであって、これを経験則、論理則に照らして、到底その合理性を肯定できないという程度に達していることが必要であるというべきである（合理的理由欠如説　平成元年6月29日最高裁判所判決等）。

② 被疑者に対する取り調べの方法ないし態様の違法性に関する判断基準について

一般的に、警察官が、犯罪を捜査するについて必要があるときに被疑者の取り調べを行うに当たっては、強制、拷問、暴行、脅迫、偽計などの被疑者を威圧又は欺罔《きもう》するような方法を用いるなどして、その自由な意思を阻害してはならない一方で、捜査の目的を達するために必要な範囲内で、かつ、任意性を損なうことのない限りにおいてであれば、追及的な取り調べ、理詰めの尋問、比較的長時間にわたる取り調べを行うことが常に否定されるというものではないのであって、任意取り調べは、強制手段によることができないというだけではなく、さらに、事案の性質、被疑者に対する容疑の程度、被疑者の態度等諸般の事情を勘案して、社会通念上相当と認められる方法ないし態様及び限度において、許容されるものと解すべきである（昭和59年2月29日最高裁判所決定）。

③　任意捜査で強制に至らない有形力行使が認められる場合について

捜査において強制手段を用いることは、法律の根拠規定がある場合に許容されるものである。しかしながら、ここにいう強制手段とは、有形力の行使を伴う手段を意味するものではなく、個人の意思を制圧し、身体、住居、財産等に制約を加えて強制的に捜査目的を実現する行為など、特別の根拠規定がなければ許容することが相当でない手段を意味するものであって、右の程度に至らない有形力の行使は、任意捜査においても許容される場合があるといわなければならない。ただ、強制手段にあたらない有形力の行使であっても、何らかの法益を侵害し又は侵害するおそれがあるのであるから、状況のいかんを問わず常に許容されるものと解するのは相当でなく、必要性、緊急性なども考慮したうえ、具体的状況のもとで相当と認められる限度において許容されるものと解すべきである（昭和51年3月16日最高裁判所決定）。

一読しただけでは、裁判所独特の言い回しの難解さから、素人の我々にはとても理解はできない。特に、冤罪被害者からすれば、「無罪の判決が確定したというだけで直ちに捜査機関による捜査活動が違法とされるわけではない」とするくだりには承服できないだろう。確かに、最高裁判所は警察官の捜査権に大幅な裁量権を認めているように読める。

このことがグレーゾーン捜査を生み出すことになり、ひいては、冤罪事件を生み出す要因になるだけでなく、警察を被告とする国賠訴訟の原告の勝訴率を著しく低いものにしていることは間違いない。

２０１３年中の「争訟事件等の審級別状況調」(警察庁)によれば、国家賠償事件は、継続事件が２７１件、当期(２０１３年中)が３００件で、合計５７１件となっている。これを10年前の２００３年の数字とくらべると、継続事件２３３件、当期事件２２１件で、合計４５４件となり、合計で25・８％、当期事件では35・７％も増加していることが分かる。これは、警察官による違法な職務執行がふえたのか、警察に対する国民の意識の変化の表れなのかはわからない。

しかし、２０１３年中に判決等があった事件は３０９件で、原告の請求の全部又は一部が容認されたもの(原告勝訴)は、18件(５・８％)に過ぎない。それに対して被告警察の勝訴は２５２件(81・６％)で警察が圧倒的に勝訴している。こうした傾向は一貫して変わらない。

筆者は、弁護士の依頼を受けて、これまでも多くの警察を被告とする国賠訴訟に関わってきた。ときには、証言台に立ったり、意見書を提出したり、弁護団の作戦会議に参加したこともあった。すべての弁護士が警察の考えや内部事情に精通している訳ではないからだ。

２００６年に提起された警視庁を被告とする小出国賠訴訟、最近の事例では、２０１０年11月４日未明、１１０番通報を受けて現場に臨場した警察官の目前で秋田市の津谷裕貴弁護士が自宅で殺害されるという事件の国賠訴訟がある。

冤罪事件の支援では、志布志事件をめぐる無罪国賠訴訟と不起訴等損害賠償請求訴訟では弁護団の求めに応じて意見書を提出した。このほか、服役後に真犯人が現れた氷見事件やＪＲ新宿駅痴漢冤罪事件、布川事件等の国賠訴訟の支援を行ってきた。

一般的に、冤罪事件の国賠訴訟は被告人の無罪が確定してから提起されることが多い。なかには、再審裁判で冤罪が確定した足利事件の菅谷利和氏や東電ＯＬ殺人事件のゴビンダ・マイナリ氏のように国賠訴訟を提起しなかった冤罪被害者もいる。また、布川事件の冤罪被害者桜井昌司氏は、２０１２年11月国賠訴訟を提起したが、布川事件のもう一人の冤罪被害者杉山卓男さんは国賠訴訟を断念した。同氏はその著書『冤罪放浪記』（河出書房新社）で「国との闘いは、残された自分の人生の全てを懸けて挑まなければならない『十年戦争』です。妻や息子と過ごす時間を犠牲にしてまで、いつ終わるかもわからない、長い長い裁判を、私は闘う気持ちにはなれないのです。」と語っている。

こうした冤罪被害者だけではなく、小樽市の女性殺害事件で嫌疑不十分で不起訴になった女性等、いわゆる「隠れ冤罪」の被害者の多くは国賠訴訟を断念しているケースが多い。

原告勝訴率が低いもう一つの要因は警察の組織防衛力の強大さだろう。

全国どこの警察にも、監察官室（課）という部署がある。監察官室（課）とは、警察職員の不祥事や懲戒処分の調査、職務執行に関する苦情処理、訴訟対策等を所管するセクションである。

警察職員の不祥事があると、「警察職員としてあるまじき行為である。事実関係を調査して厳正に処分したい。」と記者会見で毎回同じような釈明をして、深々と頭を下げているのが監察官室長（警視正）で、その下に大勢の監察官、訟務官等の警視、警部クラスの警察官が勤務している。彼らの最大の仕事は組織防衛である。

国賠訴訟に対応するのは、この監察官室（課）である。国賠訴訟の口頭弁論の被告人席に被告訴訟代理人の弁護士とともに座っているのが、都道府県警察の監察官や訟務官といわれる指定代理人である。

訟務官らは訴訟が提起されると、訴状の内容や関係警察官の取り調べなどにより事件の実態を掌握し、都道府県警察の顧問弁護士等と連携しながら、訴訟への対応方針を決める。訴訟代理人（弁護士）の決定、準備書面（案）の作成、関係警察官による陳述書の内容調整、関係警察官の証言の調整・指導、裁判の傍聴、広報対策等を担当する。無論、これらに必要な人件費、弁護士費用等は、全て税金で賄われる。

最近は、現職の警察官や警察ＯＢが証言台に立つことが目立つようになった。多くの場合には、警察の訴訟対策の目的が組織防衛であるから、彼らは警察組織にとってマイナスとなる証言は絶対にしない。被告警察側の主尋問にはスラスラ答えるが、反対尋問では肝心な点になると答えをはぐらかし、記憶にないを連発する。決められたシナリオに従った固い仮面の証言の下、真実は語られることはない。彼らが置かれた苦しい立場が見え隠れするが偽証も厭わない。

また、多くの場合、被告側は職務上の秘密に該当するなどとして、証拠の開示には容易に応じようとしない。応じたとしてもほとんどマスキングされた文書を提出する。裁判官の訴訟指揮も被告側に遠慮がちに見える。

それに引き替え、原告は代理人になってくれる弁護士を探すのにも苦労する。

筆者が代表を務めた「市民の目フォーラム北海道」の相談窓口では、警察官の違法行為により損害を受け、国賠訴訟を提起したいが、受けてくれる弁護士がなかなか見つからない、との相談をたびたび受けた。弁護士が警察権力に腰を引くということはあり得ないと思うが、警察相手の国賠訴訟を積極的に引き受ける弁護士は全国的に見てもそう多くはないのだ。

警察に逮捕された原告の多くは、マスコミの実名報道もあって、世間の冷たい目にさらされて、職を失い、住むところも失い、その日の生活に窮している人もいる。なかには家族からも見放されている人もいる。弁護士費用等はあるはずもない。だから、警察相手の国賠訴訟の代理人を引き受けている弁護士の多くは手弁当のことが多いが、社会派と呼ばれる奇特な弁護士が現れ、権力と手弁当で闘うことを買って出てくれるケースはそんなに多くはない。

しかも、警察相手の国賠訴訟の多くは最高裁まで続く。判決が確定するまで5年や10年もかかる。そうなってくれば、弁護士だけでは無く、原告を精神的に支え生活を支援する組織が必要になる。こんなことができる原告はそうはいない。

現在の国賠訴訟は、ボクシングで言えばヘビー級とフライ級の選手が、リングの上で際限なくなぐり合っているようなものだ。レフリー役の裁判官は強い被告の反則に甘く、弱い原告やセコンド役の弁護士の抗議にはほとんど耳を貸さない。

終章　市民のためのガイドライン

第3部では、刑事司法の外側から警察の犯罪捜査をチェックするべきマスコミの実態を説明しながら、改めて冤罪等の要因を再確認し、冤罪被害者に最も近いところにあるはずの弁護士の役割を説明してきた。市民にとって警察の犯罪捜査への対応が簡単でないことがご理解いただけたのではないだろうか。

古来、権力は腐敗し、膨張し、暴走する。そして、その正体を隠蔽し、ときには、虚偽の情報を開示し、市民を欺く。権力の正体をチェックするべきマスコミをはじめとする社会の機能も失われつつある。

市民の日々の暮らしに、最も近いところにある権力、それが警察だ。その警察は、事実上、キャリア官僚が支配する国家警察と化している。必然的にその目線は、市民よりは国家を向く。

警察は、平成年代に入り、防犯・保安警察を「生活安全警察」へ、外勤警察を「地域警察」へと変え、市民警察を演出し始めた。警察官の制服も市民への威圧感を軽減すると称して、ソフトさを強調するものに変えた。しかし、一方では、市民の不安感をあおりながら、テロ対策や暴力団壊滅、組織犯罪対策等を口実に市民の日常生活に対する監視を強めている。

このところ、政府は、戦後レジームからの脱却やテロ対策の強化を唱えながら、特定秘密保護法を成立させ、安保法案は違憲だとする世論を無視して、安全保障関連法を成立させている。2015（平成27）年1月26日に召集された通常国会に提出された「司法取引」等を内容とする「刑訴法改正案」（自民・公明・民主・維新の4党により提出された修正案）と「通信傍受法改正案」は衆議院では可決されたが、参議院では継続審査となった。続いて、三度、廃案となった共謀罪を国会に提出する動きもあるようだ。警察は、さらに「仮装身分捜査」や「会話傍受」といった極めて危険な捜査手法を取り入れようとしている。こうした動きは、全て、警察権力の強化へと繫がるのだ。

多くの市民はこうした動きに無関心だ。警察のことはほとんど知らない市民は、それが警察権力の強化に繫がるとは思ってもみない。最悪のケースでは、自分が捜査の対象になり、はじめて警察の犯罪捜査の正体に気が付く。しかし、それでは遅い。警察官の理不尽な取扱いや違法捜査から身を守るための最低限のガイドラインが必要だ。

そこから導き出される市民が知っておかなければならない自らを守るガイドラインは以下のようなものだ。

①　警察（交番）の相談窓口へ行くときには

・「警察法79条」の苦情申出制度、「被疑者取調べ適正化のための監督に関する規則」の取り調べについての苦情調査は警察の組織防衛が目的であることを心得る
・いずれの調査も警察官が担当するから、多くの場合には公正な調査は期待できない
・国民の知りたい情報は非開示、開示されてもマスキングだらけと心得た方がいい
・できれば、警察官とのやり取りを録音する
・交番は道案内くらいしかできないことを知っておく

②　被害等の届けのときに知っておくべきこと

・盗難被害は回復できないと覚悟した方がいい（被害回復率は低い）
・行方不明者届（家出人の捜索願など）はデータベースに登録するだけ（探さない）
・DV被害、ストーカー被害の相談には消極的だ
・民事がらみの告訴は受理しないことが多い
・山岳遭難者の救助義務はないとしている（国賠訴訟）

③ 職務質問を受けたら

・基本的に応じる必要はない（警察官の職務質問は任意手段）
・あわてずに冷静に対応する。警察官と口論したり、その身体には触れてはならない（公務執行妨害とされるおそれあり）
・警察官の所属、階級、氏名を確認する
・声をかけた理由（職務質問の要件～何が異常な挙動だったのかなど）の説明を求める
・所持品検査には応じる必要はない（法的義務はない）
・警察官にバッグ等を手渡さない、探させない、中を見せない
・ポケットに手を入れさせない（身体捜検は逮捕のときだけ＝警職法2条4項）
・同行要求に応じる必要はない（法的義務はない）
・できれば警察官とのやり取りを録音する

④ 同行を求められたら

・逮捕状の有無を確認する（逮捕状がなければ任意）
・逮捕状記載の住所・氏名・犯罪事実を確認する（別人の場合がある）
・任意なら警察官を不用意に屋内に入れない
・参考人か被疑者かを確認する

・用件、行き先、所要時間を確認する
・理由を明らかにして、後日出頭する旨を伝える
・同行に応じるときには、警察官の数、位置を確認する（強制かどうかの判断材料になる）

⑤ **物の提出を求められたり、捜索・差押を受けたら**

・任意提出なら拒否できる（任意提出書の提出を求められる）
・捜索・差押許可状を確認する（罪名・差し押さえるべき物・捜索場所）
・犯罪事実を確認する（許可状には記載されていない）
・必ず立ち会って、物があった場所を確認する（証拠の持ち込み阻止のため）
・許可状に記載されていない物は提出しない、写真撮影をさせない
・その場で「押収品目録交付書」を受け取る（押収された物の領収書）
・できれば警察官とのやり取りを録音する

⑥ **取り調べを受けたら**

・取調室に入ったら自ら録音を開始する（警察は拒否できない）
・所持品検査・身体捜検は拒否する
・取調官の所属、階級、氏名を確認する
・「逮捕か、任意か」を確認する（手錠なしが任意とは限らない）

・疑われている事実（犯罪事実）の説明を求める
・供述を拒否できることを確認する（黙秘権、供述拒否権が告げられないことがある）
・聞かれなくても録音・録画を申し出る
・身に覚えのないことは、その旨をはっきり主張する（弁解録取書に記入を求める）
・取調官の「誰かがこう言っている」とか「目撃者がいる」といった話に惑わされない
（誘導質問、切違い質問）
・逮捕でなければ退去する旨を伝える
・逮捕されても、任意取り調べでもポリグラフ検査（嘘発見器）の要求は拒否する
・必ず弁護士へ連絡する旨、申し出る（当番弁護士制度を利用する）
・逮捕・勾留されている間の取り調べの状況を「被疑者ノート」に記録する
・納得できない内容の供述調書に署名・押印しない。必ず、削除、訂正を求める
・記載内容を確認したときは、調書毎葉の欄外にも署名・押印する（差し替え防止）
・提出書類の題名・内容は必ず確認する。不動文字で印刷されている部分も確認し、その書類の意味を確認する。場合によっては、写しの提供を求める

⑦ 写真撮影、指紋採取、DNAの提出を求められたら

・逮捕されていない限り、絶対に応じてはならない（抹消不能）

・ＤＮＡ資料（口内粘膜）は逮捕されても提出してはならない（法的な義務はなし）

⑧　**抗議、訴訟への備え**

・事実は隠蔽され、警察は謝罪しないものと考えたほうがよい

・警察官とのやり取りは、スマートフォン（携帯電話）の録音機能やＩＣレコーダーで録音する。録音できなくてもメモを作る

・可能な場合には違法行為、現場の様子を写真撮影する（証拠化）

・事件の内容、経過を時系列でまとめる（証拠化）

・一人で悩まないで、早めに弁護士や各地の弁護士会等の相談窓口で相談する

N.D.C.302　304p　18cm
ISBN978-4-06-288352-8

講談社現代新書　2352

警察《けいさつ》捜査《そうさ》の正体《しょうたい》

二〇一六年一月二〇日第一刷発行

著　者　原田宏二《はらだこうじ》　© Kouji Harada 2016

発行者　鈴木　哲

発行所　株式会社講談社
東京都文京区音羽二丁目一二―二一　郵便番号一一二―八〇〇一

電　話　〇三―五三九五―三五二一　編集（現代新書）
〇三―五三九五―四四一五　販売
〇三―五三九五―三六一五　業務

装幀者　中島英樹

印刷所　大日本印刷株式会社

製本所　株式会社大進堂

定価はカバーに表示してあります　Printed in Japan

「講談社現代新書」の刊行にあたって

教養は万人が身をもって養い創造すべきものであって、一部の専門家の占有物として、ただ一方的に人々の手もとに配布され伝達されうるものではありません。

しかし、不幸にしてわが国の現状では、教養の重要な養いとなるべき書物は、ほとんど講壇からの天下りや単なる解説に終始し、知識技術を真剣に希求する青少年・学生・一般民衆の根本的な疑問や興味は、けっして十分に答えられ、解きほぐされ、手引きされることがありません。万人の内奥から発した真正の教養への芽ばえが、こうして放置され、むなしく滅びさる運命にゆだねられているのです。

このことは、中・高校だけで教育をおわる人々の成長をはばんでいるだけでなく、大学に進んだり、インテリと目されたりする人々の精神力の健康さえもむしばみ、わが国の文化の実質をまことに脆弱なものにしています。単なる博識以上の根強い思索力・判断力、および確かな技術にささえられた教養を必要とする日本の将来にとって、これは真剣に憂慮されなければならない事態であるといわなければなりません。

わたしたちの「講談社現代新書」は、この事態の克服を意図して計画されたものです。これによってわたしたちは、講壇からの天下りでもなく、単なる解説書でもない、もっぱら万人の魂に生ずる初発的かつ根本的な問題をとらえ、掘り起こし、手引きし、しかも最新の知識への展望を万人に確立させる書物を、新しく世の中に送り出したいと念願しています。

わたしたちは、創業以来民衆を対象とする啓蒙の仕事に専心してきた講談社にとって、これこそもっともふさわしい課題であり、伝統ある出版社としての義務でもあると考えているのです。

一九六四年四月　野間省一